重奏する建築

文化／歴史／自然のかなたに建築を想う

岸 和郎

TOTO
建築叢書

装幀　中島英樹

はじめに

建築について、だれも語らなくなりました。聞こえてくるのは、ただ耳に心地よい、だれも異議を唱えようのない言葉ばかりです。

たしかに1989年にベルリンの壁、ひきつづいて1991年にはソ連が崩壊し、1995年の神戸、2001年の9・11、2011年には福島と、世界の構造はその根底からゆらいでいるかのようです。そんなときに建築について語ること。それが「耳に心地よい」言葉ばかりになるのはしようがないでしょう。建築なるものが世界のあり方と連動している以上、世界像そのものがゆらいでいるときに、建築を語ってみてもしようがない。

しかし、そんなことは百も承知だけれども、だからこそ建築について本をまとめてみないか、というオファーからはじまったのがこの本です。古くなつかしい「建築的価値」、そんなものが現在でも語る価値があるものなのかどうか、まったく自信はない。とてつもなくアナクロニスティックな本になってしまうのではないだろうか、と危惧しました。正直に告白すると、そんな不安な思いもあったのです。

そこで考えたことです。まず、けっして一般論を語らないことにしました。

建築家である自分自身の眼だけを信じて、極私的な視座から都市や自然、建築を語る。さらに自身が建築家である証として、それが自身の建築設計というプロセスにどう反映しているのかをあきらかにすること。「読解する」ことと「記述する」こと――昔なつかしい構造主義風にいうと、レクチュールとエクリチュール、でしょうか――そのふたつの関係が語られはじめてからずいぶん時間がたちましたが、それをあらためて、建築という世界でケーススタディしてみようと思いました。それもきわめて、私的に。

それならば記述がピントはずれだとしても、私自身の建築家としての能力の問題に帰せられるだけで、読者に世界を「誤読」させてしまう心配はない。

本文は一見するとお気軽なエッセイ風をよそおったのですが、じつはそんなことを考えていたのです。2012年の現在、建築について語ることということのは、そんな諧謔的な表現をとらずにはいられないと感じているのは、私だけでしょうか。

目次

第１章　「建築と秩序」について

Architecture and Order

建築についてこれから考えていくわけですけれど、最初に一番基本的な話をしたいと思っています。まず私自身が建築をどんなものだと考えているのか、というところからはじめます。章のタイトルを「建築と秩序」とつけましたが、建築を定義する試みから話を進めたい。建築とは何か[註1]というのを定義するのは簡単なことではないし、それこそヴィトルヴィウスからはじまってさまざまありますが、これからお話しするのは、私の個人的な定義です。

少し話が飛びますが、一般的にその人のバックグラウンドをみると、その人本人について何かわかったような気がするものです。たとえば私自身は建築史研究室の出身なので、そこで歴史を勉強したはずだから、これから述べるような定義が出てきたと思うかもしれないけれども、じつはそうではない。私自身はあまりきちんと勉強するタイプではないのです。しかし、唯一信じていることがある。それは自分の肉体が何を感じるかという実感、建築の現場に立って自分が何を感じるかということ、これだけは信じています。

ときにはたったひとつの建築を見るために、レンタカーを借りて、なんの知識もないヨーロッパのオートルートを600kmぐらい1日で走って、ようやくたどりついてみたらつまらない建築だったという経験もたくさんあります。それは私自身にその建築のよさを感じとるためのキャパシティがないのか、それとも評判ばかりが高い建築だったゆえなのか、それはわかりません。でもそういう経験のなかで、自分の肉体が感じたことだけは信じよう、と考えてきました。建築史の教科書などの、だれもが標準だと考える視点からみると、おかしな点はたくさんあるでしょう。それは私自身の建築に対する考え方、その論理の構築の仕方が、普遍的な理論を基盤として出てきたわけではなく、自分自身の建築家としての日常的な営為のなかから出てきたからだと思います。

そんなふうに肉体的に建築を体験するということを重ねていくうちに、自分自身にとっての建築とは「秩序」以外の何物でもない、建築的営為とはそこに秩序を構築すること[註2]にほかならない、と思うにいたりました。

建築の歴史の教科書、まずその第1ページ目のギリシャのところで出てくる図版があります。ドリス式オーダー、イオニア式オーダー、コリント式オーダーとして習うわけですが、これも歴史の授業で聞いていると、あたりまえに、「あーそういうものなのか。柱にオーナメント、装飾がついていて、それはこういうふうに呼ばれるんだ」と聞き流してしまいがちです。これを昔習ったときに、私にとって一番衝撃的だったのは、それが「オーダー」と呼ばれていることでした。なぜオーナメントではないのか、あるいはデコレーションではないのか。それがオーダーと呼ばれていることが、私が建築史の講義を聞いて最初に不思議に思ったことでした。ずいぶん時間がたって、自分が体験的に建築を経験していくうちに、なるほどオーダーなんだと気づく。つまりこの柱1本が、たとえばドリス式であれば、その世界観を表現しているものであること、柱1本がその世界のオーダー、すなわち秩序を形にしたものなんだということにようやく気づくわけです。

ギリシャ、それも教科書のなかのギリシャから学んだこと、それは建築にとっての秩序の意味だったわけですが、これに気づくだけで私は20年ぐらいかかりました。ギリシャの昔から建築が何を指向していたのか、建築そのものが世界の秩序の表現だということにようやく気づくことができた気がしたのですが、それと同時に、ギリシャからずいぶん時代の離れた現代の建築も、そうした世界／建築観からどれほど離れているのか、むしろ依然として同じように建築は存在しているのではないか、と考えはじめました。

続いて、建築の「形態と意味」について考えてみたいと思います。

これもその場に身をおいて、建築を体験しつづけて考えたことなのです。「基壇―Podium／柱―Column／屋根―Roof」という3つの要素、そしてそれが3つとも揃っていることこそが建築にとっての基本なのではないか、という視点についてです。もちろん、これは古典主義系の建築の基本ということですけれども、基壇、柱、そして屋根があるということが建築にとっての基本的なありようであるということ、これはギリシャの昔から変わっていないのではないか。さらに現代の建築さえも支配しているのではないか、と考えてみます。

ギリシャの神殿（図1）ですが、これが私にどんなふうに見えているかというと、まずそこに不整形のランドスケープ、地面がある。山や谷などがある場所、その不整形な地形の場所に、基壇という名前の水平面を築きます。どうも建築というのはまず水平面を築くところからはじまるのではないか、というのが、私が数十年前に思ったことです。ではその水平面としての基壇を築くこと、とはどういうことなのか。水平面は自然のなかには絶対ありえない。自然のなかの水平面は本当に水面しかないわけだから、人間が自然とかかわることによって、本来は自然のなかではありえない水平面を築く。そこに柱を立て、しかる後に屋根を架けると「建築」が出現する。

さらにギリシャの神殿の平面図（図２）を見ると、建築にとっての柱の重要性がわかると思います。外周を列柱がおおう。その内側にメガロンと呼ばれる壁で囲まれた空間があります。ここでこの柱と壁の関係をみると、建築とは柱であるということがまずあり、しかる後に、このメガロンと呼ばれた二次的な壁の空間がその内側にあること、すなわち建築とはギリシャの昔から柱が主役であって、壁は二次的な要素であったのではないか。誤解を恐れずにいうと、やはり柱こそが建築の古典主義的な理解を担っているのであって、壁は、むしろロマン主義な部分、簡単にいえば「暗い」とか、「光が思いもかけない入り方をする」とか、そういう建築におけるセンチメンタルでロマンティックな部分を引きうけているのではないか、というのが、私がギリシャ神殿から学んだことです。[註3]

次の例はベルリン、19世紀中頃、シンケルがデザインした「アルテス・ムゼウム」（図３）という美術館です。さっきはギリシャで、こっちはドイツの新古典主義の建築で、このあいだには二千年以上の時間がへだたっていますが、それでもやはり建築としては同質のものといわざるをえない。すなわち、基壇があって、柱の空間があって、屋根がのっているという3層構成。なおかつ19世紀になると、さらに意識化されてきますから、左右も3分割構成、A・B・A立面になっています。上下3層構成、左右3分割構成というのが、建築の古典主義的な意味での基本だと思いますが、シンケルはその直交座標系のなかに、ローマ的な要素、パンテオン型のドームを挿入します。ギリシャ的な外部にローマ的な内部空間といえばいいでしょうか。そういえば、ギリシャ神殿のメガロンの内部空間がどんなふうだったのか、興味をもったこともなかったので思い出せません。ただ、シンケルと同じドイツの新古典主義の建築家、フォン・クレンツェがドナウ川を見下ろす場所につくった「ワルハラ」の内部空間を思い出してしまいます。[註4]

20世紀の建築、ミース・ファン・デル・ローエの「シーグラムビル」(図4)です。基壇の上に構築された柱の空間、まあ、20世紀的にピロティや広場と呼んでもいいのですが、ファサードを見ると基壇の上から最上階までが柱の空間でしょう。一番上に「屋根」としての空間がのっている。すなわち立面がこの建築も基壇を含めた3層構成をとっている。シーグラムビルの場合、不思議な形態になっていて、柱の空間を基壇の上から最上階までと考えて、その上のペントハウスを屋根の縮退したものと考えてもいいし、柱の空間を1層目だけ、ピロティ部分だけとし、その層か

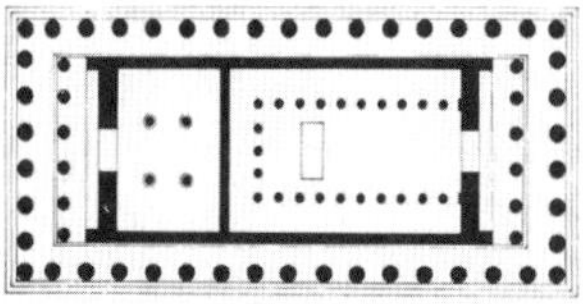

図2：ギリシャの神殿の平面図

図1：ギリシャの神殿

図3：アルテス・ムゼウム

図5：ル・トロネ修道院

図4：シーグラムビル

ら上のすべてを屋根の変形と考えるという読み方もある。後者のほうだと、全体のボリュームがピロティで浮遊する形になり、ミース的な浮遊するソリッドなボリューム、というきわめて20世紀的なミース解釈の入り口にもなります。いずれにしろ、古典主義建築の典型として垂直方向を3層構成とし、水平方向は3分割対称という形式ですね。A・B・A立面になっていて正面に列柱というギリシャ以来の伝統形式です。

ギリシャの神殿、アルテス・ムゼウム、そしてシーグラムビル、3つの建築の違いをみる見方もある。ひとつは20世紀モダニズムの建築、もうひとつは19世紀の折衷主義の建築だとか。けれども、この3つは建築としては同じだという見方もある。私自身が立つ位置はそちらです。この3つの建築に違いはないというところから、これからの議論をスタートしたいと思います。

柱(column)と壁(wall)とはいったいなんだろう、というのは建築にとってとても重要な話だと思います。

ロマネスクの建築、12世紀くらいですけれど「ル・トロネ修道院」(図5)です。

これは柱と壁が未分化の状態の建築としてみえる。まだ性格づけがされていない、原初的な状態にある建築空間の魅力というのがこのル・トロネにはある。たとえばここにアーチ型の開口があるけれども、このアーチ型の開口の両端に立っているこの要素は柱なのか、それとも壁なのか。

結果として光と影の魅力的な空間が実現しているわけですけれども、建築としてはさまざまなことが、まだ未分化の状態ではないか。だからこそ実現された建築の素形としての魅力。これから何百年かたつと建築的要素が分節化され、それぞれの要素の担うべき役割がみえてくると思います。それからもうひとつ、この回廊の階段が魅力的だ、という視点からランドスケープと建築的秩序のせめぎあい状態という議論になるのですが、それはまた後とします。ここでは柱と壁が未分化の状態の建築の原初的な魅力を知ってほしい。

時代が進むと、より明快になってきます。たとえば15世紀ルネサンス、ブルネレスキが設計した「孤児養育院」（図6）です。余談ですが、この建築ははじめて建築にかかわって生きていきたいというモチベーションを私にあたえてくれた、そういう建築です。時代がここまで来ると、柱は柱として自立します。それには構造素材としての鋳鉄に多くを負っている。鋳鉄のタイバーという構造要素を採用することで、柱は垂直力だけを受けることになる。垂直力だけを受ける柱だから細くできる。細くできるとどうなるか。建築がだんだん幾何学に近づいてきます。アーチの下のスパンは正方形だし、平面（図7）も正方形。すなわちこの廊下は奥行きとこの柱の高さは同じで1対1になっている。それが建築家に当然意識されていたことがわかるのが、ブルネレスキが平面に残した補助線、円形の補助線の存在です。すなわち球が内接するわけです。さらにその上に1／2円のアーチがのります。これがさっきのル・トロネのような、壁と見間違えるかのような太い柱、しかも四角柱が立っていたらどうなるか、と想像してみること。鋳鉄のタイバー構造が採用されることによって、それぞれの要素がすごく細くなって、抽象的になっていく。建築がだんだん幾何学に近づくことで、そこに3次元のキューブであったり、半円のドームであったり、幾何学的に純粋な形態が出現する。建築のなかにはじめて抽象的な次元が出現しようとしているのではないでしょうか。ここから20世紀のピーター・アイゼンマンまでは本当にほんの少しです。

20世紀に飛んで、ミースをみてみます。

たとえば、「バルセロナ・パビリオン」(図8)はなんだったのか。これをギリシャの神殿の裏返しだと考えてみること。それはどういうことかというと、ギリシャの神殿にとっては壁という要素、すなわちメガロンはロマンティックな副次的な要素だった。あくまでも建築の主役は柱(column)です。そこでミースがこのバルセロナでやったことは、建築の歴史総体、とくに古典主義建築の歴史を通じてずっと副次的な要素であった壁を主役にすること。結果として、柱のほうが二次的であるかのようにみえる。けれどもすごくおもしろいことに、ミース自身はこの屋根を柱(column)で支えることにこだわります。この平屋の建築のこの屋根は柱で支持されているというふうに記述もする。「本当だろうか。壁も構造に使っていないんだろうか」というふうに思いますけれど、ミースにとっては、この屋根が柱によって支持されているということはすごく重要な

図6：孤児養育院

図8：バルセロナ・パビリオン

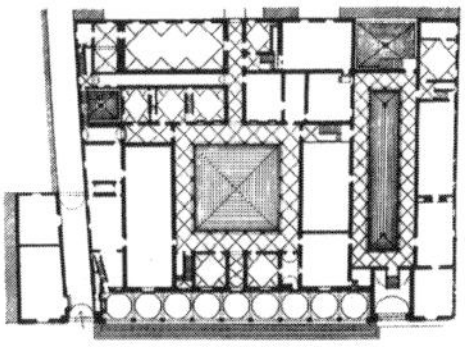

図7：孤児養育院平面図

図10：ヴィニョーラの付け柱

図9：メスキータ

ことだった。なぜならそのことがこの建築の古典性を担保するからです。いってみれば古典主義者であるミースにとって、屋根が壁で支持されるなどということはあってはならない。屋根が柱で支持されるということが古典主義建築の正しい建築のあり方であり、その建築の正統性を担保するからです。屋根が壁で支持されたとたんにそれは建築としてまがい物、というのはいいすぎかもしれないけれども、本来的な意味での建築ではなくなってしまう。ひるがえってバルセロナ・パビリオンが私にとって重要なのは、建築の何千年かの歴史のなかで、ずっと副次的なエレメントであった壁が主役になった建築であるということ、しかしそれでもなお、ミースは屋根を柱で支持することにこだわったという事実。そのふたつが同時に重要なんです。テクノロジーの視点からみると、それは20世紀の建築技術、鋳鉄ではなく圧延鋼の出現によって可能になったわけです。

もう少しだけ、柱の話をします。

コルドバに「メスキータ」(図9)と呼ばれるイスラムの空間があります。このメスキータの内部空間は純粋に柱だけで構築された空間としてすばらしいのですが、少し見方を変えてみます。内部空間に対応して、オレンジの樹だけが植えられた中庭があります。内部で柱が立っているのと同じピッチで外の中庭にはオレンジの樹が立っているというのが圧倒的にすごい。外部を内部に見立て、オレンジの樹を柱に見立てること。建築が柱の空間であることを前提とした外部空間のあり方。建築的な外部空間とはこの中庭のようなものをいうのではないでしょうか。

柱とは、いったい建築家にとってどんな存在なのか。

西洋建築史の授業で習ったと思いますが、付け柱(pilaster)という建築要素があります。この使われ方をみると建築家の想い、建築家が柱に寄せる想いがよくわかる。ヴィニョーラの例（図10）を見ます。構造的な話をすれば、このファサードは壁ですね。だけどファサードを壁で構成するというのは、ありえないわけです。そこで発明されたのが、付け柱です。本当にそこに柱があるわけではない。柱なんてない、そこは壁です。そこは壁なんだけれど、柱型をつけてあげること。この付け柱のリズムでエレベーションをつくっていくというやり方が可能になる。ブルネレスキがインテリアをやった、フィレンツェのエレベーションのない建築、「サン・ロレンツォ寺院」。レンガ積みのままの裸の立面で、だれかがファサードをつけてくれるのを待ちながら５００年ほどたってしまった。「エレベーションをつける」とはわれわれも設計プロセスでよくいう言い方ですが、その意味というのは、要するに柱の表現を立面に導入すること、壁の表面に柱を付加することだった。付け柱とはあきらかに偽物です。だって本当はそこに柱はない。後に20世紀になってフィリップ・ジョンソンが、偽物も使いようによってはなかなかいいもんだよ、というふうに付け柱のことを言っていますね。いかにもジョンソンが言いそうなことですけれども。なぜそんな表現が生まれたかというと、ギリシャ以来、建築とは柱が秩序を担っているものだからでしょう。

では、壁とは何か。

20世紀以前、ロマネスクの原初的な建築を例外として、壁が主役の建築は、じつはあまりみあたらない。中庭を主体として構想された建築なら、壁が主役となっているのではないかと考えて、たとえば「アルハンブラ」(図11)をみてみる。ここでも壁で囲まれているだけの表現では耐えられなくて、正面に列柱廊がつきます。付け柱はあきらかにフェイクの皮一枚なわけですが、ここでは柱は軒を支持する。本当は壁で3方を囲まれた空間なのに、壁だけの存在に耐えられなくて、こうした列柱廊がつけ加えられる。でも基本的にはこれは壁の空間であろうと思います。では、日本建築では壁の空間とはなんだろうか。日本建築は柱梁の木造だから、線材の3次元直交座標系が基本になります。だから日本建築における壁は真壁であろうが大壁であろうが、2次的でロマンティックな要素にならざるをえない。屋根は柱で支えてその柱と柱のあいだに梁が跳び、必要な部分を壁にする。だから柱がないと壁は成立しない。では、日本建築に壁はないのだろうか、本当にそうだろうか。たとえば石庭を囲む塀のことを考える。建築的には「塀」と呼ばれている構成要素ですが、では塀と壁と何が違うのか。そう考えたときに日本建築における純粋な壁、これは塀なのではないか、と思いいたる。

もうひとつ知っておくと20世紀の建築を理解するにしてもわかりやすい概念があります。それはピアノ・ノービレ(piano nobile)という名の、主階という概念です。

パラディオの「ロトンダ」(図12)をみてみます。この2階が主階になるわけです。建築とは基

図11：アルハンブラ

図12：ロトンダ

図13：パラッツォ

本的にはギリシャの神殿以来平屋が基本ですから、屋根と柱の平屋が基壇の上に建つ。でもルネサンスになるとその基壇そのものがひとつの階になります。基壇が1層分までもちあげられ、そこが概念としては地下階扱いの地上階。だから英語で1階のことをグラウンドフロア、2階のことをファーストフロアと呼ぶのは、そのピアノ・ノービレという主階の概念からきている。

ルネサンス以降、地上から浮遊した2階、主階という概念が出てくる。基壇部分にあたる地上階はできるだけ窓を小さくし、ルスティカと呼ばれる仕上げで荒く石を積んで、ここは概念的には地下だ、という表現をあたえる。同時に屋根には屋根としてそれらしい表現をあたえる。結果としてひとつの建築ができあがる。

もうひとつは都市のなかの「パラッツォ（palazzo）」（図13）と呼ばれる建築です。ロトンダはヴィラ（villa）と呼ばれる郊外の建築ですが、建築の構成としては、都市の建築であるパラッツォでも同じです。荒石積みのルスティカの1階があって、2階が主階。付け柱の柱の表現があり、それに屋根がのるという3層構成。屋根、柱、そして基壇が進化したピアノ・ノービレと呼ばれる主階とルスティカの地下階。都市の建築としてのパラッツォ、郊外に独立して建つ建築のヴィラも、同じ垂直方向の構成です。

いずれにしても、平屋では対応不可能になった都市の時代であるルネサンス、建築が高層化せざるをえなくなった時代に建築という秩序をどのようにして実現するか、という新しい時代の要請に対する新しい解釈だったのではないでしょうか。

20世紀の建築でも同じです。ル・コルビュジエの「サヴォア邸」（P147参照）とさきほどのロトンダを比較して、その同一性を検証したのはコーリン・ロウでした。水平ではない地面、自然界そのままの地表からピロティでもちあげられた水平の主階。ピアノ・ノービレ。頭の上に屋根が縮退した形態として読みとれる屋上庭園の湾曲した壁。基壇の変化した形態としてのピロティと屋根の変形としての屋上庭園のオブジェクト。ミースはあくまでも基壇を残しますけれど、コルビュジエはむしろ基壇という手段を放棄し、ピロティで浮かせます。しかしその結果として、なぜかきわめて古典的な建築に収束する。そういうコルビュジエ理解です。

ただコルビュジエの屋上庭園には「屋根の放棄」、それにピロティには「基壇の放棄」という、建築的秩序に対する大いなる挑戦の意味も同時にあるということも、忘れてはいけないでしょう。これを受けいれると、緑の自然の上に浮遊する白い抽象的な幾何学立体という、一方で古典的な文法にのっとりながら、同時にモダニズムの夢でもある形態がそこに出現する。

この「サヴォア邸」や「スイス学生会館」、それに「ガルシュの家」など、白い時代の建築を思い出してみると、コルビュジエが立面の3層構成をけっして破棄はしていないことにあらためて留意したいし、そのもっとも古典的な秩序表現と、もっとも20世紀的で新しい抽象的な幾何学表現と、さらに地上からの浮遊という、アバンギャルドなモダニズムの表現とを同時にひとつの建築に読みとりうること、これがコルビュジエの建築の意味なのだと思います。

ルネサンス以降、建築の秩序について考えるときに避けられないのは、都市とは何か、という視点でしょう。都市、とくにルネサンス以降、もっというと近代の都市を考えるときに、水平の秩序(Horizontal Order)／垂直の欲望(Vertical Desire)という言い方を私はしています。つまり、都市では水平に秩序が展開し、垂直に欲望が展開するというふうにまず仮説を立てます。そうすると、現代の都市の諸相がみえてくるのではないか。

ケーススタディとしてニューヨークのことを考えてみます。現代の都市における秩序とは何かと考えたときに、20世紀の都市を支配している秩序というのは、その場所がパブリックか、プライベートか、という性格づけではないか。すなわち道路はパブリックな空間でみんなの場所だから、そこに建物を建ててはいけないのだという共通認識。それを別の名前で呼べば、都市のインフラストラクチュアと呼んでもいいですが、建築的な視点からいうと道路というのはパブリックな空間でそこには建築は建てられない。では建築を建ててもいい場所はどこか。敷地と呼ばれる場所です。25m×30mは私が買った敷地だから、私の個人所有、ここで私という個人は欲望(desire)を展開してもいい。ではその欲望はどこへ向かうかというと、敷地は水平方向には秩序に限定されているから、上方向、空中にしか向かいえないわけです。その結果「スカイスクレーパー」(図

14）と呼ばれる高層の建築が出現する。それは近代都市というルールのなかで、道路にはものを建ててはいけない、敷地のなかでのみ展開しなければならないとなったときに、欲望は垂直方向、すなわち高さを競うという方向にいかざるをえない。典型的な都市の姿はそうやって決定されるのではないか。

そうやってできた都市の何がおもしろいかというと、たとえばマンハッタンでは道路はあくまでも直交グリッドを形成する。それが秩序をつくりあげる。

敷地の内部には林立する垂直要素、スカイスクレーパー。そうした垂直と水平のせめぎあいの都市風景のなかに浮かびあがってくるのが、そこにかすかに残る地形の起伏＝アンジュレーション（図15）です。秩序と欲望のかなたにかすかにみえてくるマンハッタンという場所性、そこにマンハッタンのマンハッタン性があるんじゃないか。完璧な水平ではない場所にまっすぐに道路を通したことによって、元のランドスケープの地勢がひそやかにみえてくる。このおだやかな起伏のなかに、マンハッタンという場所の本来の性格が顔をのぞかせている。

香港はまた違う。まず香港はイギリスが統治していた近代の都市ですから、あたりまえだけれど道路の上には建物を建ててはいけない。したがって敷地サイズの建築が立ちあがります。敷地の形どおりに欲望の許される高さまで自動的に立ちあがった都市の欲望としての建物。香港がマンハッタンよりおもしろいのは、欲望は水平にも展開可能なルールがあるというところです。街区ブロックサイズの建築が建ちあがる。ここまでは、マンハッタンと香港は同じ。でも香港の場合、この建物から看板が水平に飛び出してもいい。
するど、近代的な秩序からみるとパブリックな場所であるはずの街路の空中に個人の欲望が展開してくる。看板という水平の欲望が街路上に展開することが許されていること、それが都市空間を変容させる。本来パブリックであるはずの街路空間がプライベート化していく。それをprivatize、あるいはindividualizeと呼んでもいいけれど、本来はパブリックであるはずの空間、車も走るし、歩道もあるその場所が、水平に展開する欲望の形＝看板によって、意識されず屋内化されたり、個人の欲望が空間化されたりする。そこが香港という街のすごくおもしろいところだと思います。

建築とはなんなのかという自問のなかで、自分自身の答えを探していました。そのときに建築とはひとつの秩序の創出ではないかという、言葉にしてみればごくあたりまえにしか聞こえない、むしろ陳腐にさえ思える言説にほのかな可能性を感じはじめていた頃の仕事。それがこの、1987年に竣工した20坪にも満たない土地に建つ極小の住宅、「KIM HOUSE」（図16）でした。建築における秩序の表現を今日的に考えるということに答えはあるのかという設問に対する当時の解答がこれです。

N値の低い、ほとんど泥に近いような地盤の上に浮遊しているかのような基礎＝スラブ。まず、

図14：マンハッタンのスカイスクレーパー

図15：マンハッタンのアンジュレーション

短辺方向の日の字型フレームを工場製作のラーメン接合のプレファブリケーションとし、それを敷地に搬入した後、長辺方向はブレースをもつピン接合とした構造体とするものを仮組みする。その後に基礎をコンクリートで打設して構造体が完成する。一般的な構法、基礎打設の後に鉄骨構造の建て方というプロセスのまるで逆の構法を採用したのは、鉄骨造の柱の足元のベースプレートの存在が許せなかったからです。

結果として基壇、構造体、そして薄板鉄板の屋根をのせるという3層構成になっており、副次的な存在である壁、成型セメント板の壁はカーテンウォールとして長辺の構造通り芯から外に210㎜オフセットしています。このことで175㎜のH形鋼は成型セメント板の壁から自由になり、柱は壁から自立します。いってみれば、ギリシャでは柱列の内側に抑圧されていたメガロン=壁を柱列の外部に追い出し、しかも2枚の単純な壁に還元したというところでしょうか。

今思い返してみると、この極小の住宅をアクロポリスに比肩させるなど、建築の神をも恐れない仕業でしょうが、そのときにはそんなことを考えていました。

ファサードが問題でした。最終的に採用したファサードが今でも正解だという確信はないのですが、設計時に何を考えていたのかをいくつか挙げてみます。まず、左右3分割というルネサンス的立面にはしたくなかったし、上下方向の3層構成もとりたくなかった。20世紀の建築なのだから、まず屋根は表現として破棄するつもりでした。基壇は構造上、存在します。これはしようがない。ならば主階をどうするか。ここでの答えはまず抽象的なグリッドが支配する世界。簡単にいうとひとつが3×3の正方形になっている面が上下ふたつある。左右の3分割は古典へのオマージュ、上下の3分割は同時にその意味を無化するということ。その後で20世紀の近代建築が発見した偉大な手法、「構成(composition)」というやり方で2階の開口部と1階の入り口ドアを導入する。古典的な建築でありながら、20世紀の建築でもあること、それを意識的に表現することを考えて、この立面になったというわけです。

このときにはじめて、どうも自分は古典主義者のようだ、と気づきます。新しく時代を開くような、いわゆるアバンギャルドな建築にあこがれていたのですが、どうも自分はそういうタイプではない。そんなことに気づかされたのも、このプロジェクトでした。そんなわけで古典主義者の建築家としては、柱と壁は絶対に縁が切れなければだめなので、壁が構造体から切れていることをファサードの左右で表現しています。問題は構造体の表現です。ルネサンスでも主階での構造表現は柱です。付け柱やジャイアント・オーダーの柱はその表現として発見されたものでしょう。ところがここでは構造体はフレームの形をとります。

梁とはなんなのか、そしてフレームとしての構造体とはなんなのか。そんなことを考えはじめた。柱と梁のディメンションを揃えて、立体フレームの形式とし、重力から自由になれるという表現がメディアにあふれたときもありました。しかし、そのフレームはどうしようもなく、垂直部材としての柱と水平部材としての梁でしかない。この頃から梁について考えはじめます。一番暗示的だったのは、ミースの建築でした。バルセロナ・パビリオンの梁はどうなっているのか、あるいは「ＩＩＴ（イリノイ工科大学）クラウンホール」（図17）の屋根スラブの上に跳ぶ大梁は、あるいは「50×50HOUSE」の構造はどうなっているのか、そんなことを考えはじめました。梁が、そして柱もはっきりと表現され、近代的な構造形式であるキャンティレバー構造で構想された「コンクリート造のオフィスビル」に近似した実現作品がないのは、なぜなのか。

疑問形の羅列になりますが、解答はいまだにみつかっていません。梁についてはそれ以降、いろいろ考えます。

ギリシャ以降、建築とは基本的に「平屋」でした。ルネサンスがやったのは、高層建築をいかにして平屋の表現に還元するかという試みでしょう。付け柱しかり、ジャイアント・オーダーしかり、です。20世紀になってはじめて出現した課題、それは高層建築とは何か、ということです。ミースがシーグラムビルでやったこと、それはルネサンス建築と同じやり方で中間階を主階として一体的に表現し、建物全体を3層構成とすること、すなわち高層建築を平屋へと還元するというやり方です。ミースは主階ではサッシュのマリオンという2次部材を主役の位置まであげ、その垂直要素で主階の一体の表現としました。ルネサンスの発明、ジャイアント・オーダーならぬ、ミニマム・オーダーの柱とでも呼べるでしょうか。結果として梁はフラットな天井面の中に抑圧

図16：KIM HOUSE

図17：IITクラウンホール

図18：日本橋の家

図19：日本橋の家

され、柱は近代の代表的な構造形式であるキャンティレバーを採用することを許されず、ファサードのすぐうしろに定まる位置を求めながら、さまよっています。

古典に範をとるような、ルネサンスやミースのあり方ではない高層建築のプロトタイプ、高層建築となることで柱と同じような位置まで上がってきた梁の重要性とその20世紀的なあり方は、さまざまな提案がありました。もっとも印象的なのは、伊東豊雄の「せんだいメディアテーク」のゆらぐ柱とスラブによるものでしょう。しかし結局、汎用性のある原型としての形式、ラーメン構造の柱と梁による高層建築のプロトタイプは、今にいたっても提案されてはいないと思うのです。

大阪の中心部、日本橋にKIM HOUSEとほとんど同じ大きさ、20坪弱の敷地に住宅を依頼されました。「日本橋の家」（図18）です。住宅街のなかではなく都心であること、家族構成や1階を店舗として使用することなど、設計条件はずいぶんことなっています。

求められる機能を積みあげていくと、高層化せざるをえなくなる。

建築を古典的な秩序としてのみ考えるのではなく、今日的な、それとはことなったアプローチができないかと考えたのが、建築の「装置性」、建築をなんらかの機能を生産する「装置」として考えるという切り口でした。

その「装置」について、その頃は英語でapparatusや、instrumentをあてたほうが自分の気持ちに近いなと思っていました。この「装置」という概念は、ル・コルビュジエの「住むための機械」――英語だとmachineでしょうか――が頭にあったことはいうまでもありません。しかしその「機械（machine）」ほど高効率で生産するのではなく、何か無意味かもしれない機能を生みだすという意味で「装置（apparatus）」あるいはinstrumentを考えていました。その頃、マルセル・デュシャンの「チョコレート粉砕機」という、わけのわからない、でも魅力的な装置に魅了されていたこともあります。

この日本橋の家は、基壇＋主階＋屋根という古典的な構築形態をとりません。地盤の上に鉄骨フレームが置かれるだけです。2次的な要素である壁はここでもKIM HOUSEと同じように構造フレームから外側にオフセットし、この場所の空間を限定するという、それこそメガロンと同じ機能を担います。

柱は175㎜、梁は295㎜の見付けなので、この構造フレームを「立体格子」とは考えていません。左右と奥の領域を限定する壁で切りとられた空間の中、最上階に屋上庭園としてのテラス、前面道路側に都市空間とのインターフェイスとなる空間、都市の外部空間と住宅の内部空間との中間領域としての、立体的な縁側と呼ぶのがもっともわかりやすい半屋外空間が導入されます。その都市とのインターフェイス＝半屋外空間には、屋外階段、バルコニー、配管のパイプ類、電動で上下するシャッターなどがすべて半透明の素材、しかもだれでもどこでも入手可能な工業生産品を使用してセットされています。

構造フレームはそうした半屋外空間や階段などのさまざまな空間演出装置、さらに床や屋根面などの水平面をセットするための基準構造＝フレームとして考えました。立体格子といった、抽象的な概念の表出を考えたのではなく、徹頭徹尾機能をリアルにとらえ、それを内包するための機能的なフレームとして考えたわけです。そうしてできあがった建築が、ひとつの「装置」として住機能を内包するだけでなく、都市空間とも積極的に関係をもつような、新しい機能をもつこと。そうした機能という視点からみると、「装置」としか呼べないような建築、そんな形のないもののなかに、建築の構築性を表現できないかと考えた結果が、あの建築でした。

そんなふうに都市との関係を積極的に導入しようとした結果がファサード以外にもあります。建築の内部空間にも、都市の空間構成を導入しようと考えたことです。

垂直方向に欲望が展開するのが都市空間の特質だとしたら、それを住宅の内部空間の構成論理にも適応してみること。結果として最上階にリビング・ダイニング・スペースをもってきたのはそれゆえです。その天井高は6mありますが（図19）、これに論理的な理由はありません。可能なかぎり、高くしたかった。高さ方向に可能なかぎりのびたい、それは都市の欲望です。ではなぜ6mかというと、それは構造的に決定されました。側面の耐風圧と基礎との関係できわめて合理的

図20：京都科学・開発センター

図21：京都科学・開発センター

に決まった数字です。

もうひとつ、この最上階の都市性を担保する要素があります。

裏側にある、小さなテラス＝屋上庭園。屋根を放棄した現代の建築には屋上庭園でしか体験できない、都市に居住することの快楽があります。6mの天井高の内部空間につながるこの小さなテラスでは、この場所でしかありえないような空間を実現できたと考えています。


「京都科学・開発センター」（図20・21）は精華町の学研都市に建つ企業の研究所です。奈良に近いこともあり、仏像の修復や、ときにはレプリカの製作といった作業、職人さんが繊細な作業を行う作業空間として計画されました。

当時、新しく開発されつつあった京阪奈学研都市の一部ですが、自然が残りながらも新しい都市開発が進んでいるという、典型的な郊外風景がそこにありました。ゆるやかに上っていく道路に接する敷地、ほとんど1層分のレベル差で変化するインフラのレベル。南と東に広がるリサーチ・パークの風景と南の住宅に西の学校というきわめて日常的な郊外風景です。

ここでは1階をコンクリートの壁の空間とし、建築をランドスケープと一体化させる。その上の2階はスチールの構造フレームとし、南山城の風景のなかに秩序を導入するという方法をとりました。

外部に広がる自然や都市と建築をどうとりむすべばよいのか、自然や都市の秩序と建築の内在的な秩序を両立させる解決をさぐるというのが、これからしばらくのあいだの主題となります。

1階の壁の空間はロマンティックに自然を模し、その上にグリッド状のフレームが架かり、その場所を秩序化するというものです。その1階、2階を関係づけるように外部空間が挿入されます。北側の中庭、南側の緑のスロープ、そのふたつをつなぐ外部通路空間などがそうです。

ふたたび古典に戻った言い方をすると、緑に埋もれたコンクリートの基壇の上に鉄骨造の主階がのる。廃棄した屋根のかわりに、屋外空間が主階と基壇に侵入してくる。さながら屋根を失った廃墟であるかのように、というのがそのとき考えた物語でした。

あるいは、ロマンティックな壁の下層階の上に柱と梁のクラシックな架構がのるといってもよい。そんな重層する状況をつくってみようと考えたのです。

「山口大学医学部創立50周年記念会館」（図22）は山口県宇部市に建つ山口大学医学部の同窓会館なのですが、主題はランドスケープでした。宇部という都市の秩序、大学の医学部キャンパスを支配する秩序、それにこの建物が計画されたキャンパスの一部、そのマイクロランドスケープとでもいうべき秩序といったいくつかの秩序を、このひとつの建築のなかでどう調停するかということが大きな主題でした。

宇部という街はもともと港町です。したがって街路は海岸線に平行なものとそれに直交する街路とで都市構造ができあがっています。また大学医学部のキャンパスの計画論理はすべての建物が東西軸にのるという明治時代からのもので、採光時間を可能なかぎり長くとり、南北に換気をとるような建築計画、典型的な近代の論理である「健康と清潔」を指向するロジックによって決定されています。

最初に現場を訪れたとき、遠くから医学部キャンパスにアプローチしていくと、道路越しに見えるキャンパスの建物はすべて斜めを向いていて、宇部の都市空間のなかで異様な景観を呈していました。また、われわれが計画することになった同窓会館は、医学部創立50周年記念として計画されたものですが、計画場所の南には同じく同窓生によって20年前に創立30周年記念としてキャンパス内に計画された池泉回遊式の日本庭園がありました。それは打ち捨てられたかのように、樹木や池は手入れもされず、ほとんどキャンパス内の立ち入り禁止の場所のような光景を呈していました。

幸いわれわれの建物の予定敷地の南にその庭園があり、その南に広がる宇部市域とは、このまったく手入れをされないまま20年育った樹木がスクリーンの役目をしてくれます。建築本体はキャンパスのグリッド、厳密な東西グリッドにのりますが、その育った樹木のおかげで同窓会館は宇部市域からは緑の森の向こう側に位置することになります。おかげで斜めを向いた姿を街路に

図22：山口大学医学部創立50周年記念会館

図23：代々木上原の家

さらさなくてよくなりました。

そんな敷地状況ですから、せっかくの日本庭園を再生し、それを建物のアプローチとして積極的に生かそうと考えました。日本庭園の中を抜けるプロムナードを新しくデザインし、それが建物の中まで侵入し、最上階までスロープでつながるという構成を採用したわけです。

どこかで遠く、「厳島神社」のことを考えていたことを告白しておくべきでしょう。都市の秩序、キャンパスの秩序、敷地近辺を支配するマイクロランドスケープの秩序をすべてまとめて受ける建築としたいと大それた構想を考えたとき、力をあたえてくれたのは厳島神社でした。

このとき、都市や郊外、自然といった建築をとりまく環境を調停しながら、おだやかな形での建築的秩序との対立関係をつくりだすこと、そんな建築的秩序の構築ということが一貫して、私の主題でした。

そんなことを考えていた時期に、次のステップの模索として設計したのが「代々木上原の家」（図23）です。

最初からはっきりとしたイメージがあったわけではありません。ただ、「汚い構造」を考えてみたいという、ぼんやりとした決意が最初です。それまでの私の仕事は構造と意匠という観点からいうと、バランスのとれた、それこそふたつが整合した形で建築的秩序を実現するというものでした。このプロジェクトではそのバランスをくずしてみよう、ひとつのケーススタディとして意匠・計画を意図的に優先させ、それを構造が少々無理な形で後追いするという、意識的にアンバランスな設計プロセスを採用することで新しいフェイズがみえないか、と考えたのです。計画的にもギャラリー＋仕事場＋住宅という複合機能でしたし、その機能的な要求を解決していくと、自然と迷路状の空間ができあがりました。基本的には2階建てですが、床のレベルは7つあり、それらが扉もなく立体的な迷路としてつながっている空間です。構造的には細部の詳細になると、構法的なインプロビゼーションが必要になると思われました。木造を採用したのはそのためです。建築工事の途中、それも棟が上がったとき、それを「汚い構造」と呼ぶのは構造家に失礼ですが、本当にどこに床ができるんだろう、いったいどうなっているんだろうという姿になりました。これまでの自分の建築では棟上時の姿は竣工時より美しいと思っていましたから、この構造体に床や外壁、それに開口部ができあがるといったいどうなるんだろうと、ちょっとわくわくしたことを覚えています。

敷地形状と建築との関係もそれらを一体的につなげることとし、屋根にかかわる形状もこの建築にはありません。自分なりのやり方で古典的な3層構成から離れることも、この建物の設計時に考えていたことでした。

この住宅でははじめての試みでグレーペーンガラス（P297の図20参照）を積極的に使って

います。ガラスを入れるということは内部と外部とを連続させたい場所であるはずなのに、ここにグレーペーンガラスを使うことで内部と外部の関係がより複雑になります。グレーペーンガラスは正対すると透明だけれど、斜めから見ると半透明を通りこして不透明になる一瞬があること、光と影の効果に対して、透明やフロストよりもナイーブで神経質なガラス素材であることを学びました。この建築で内部空間と外部空間の新しい関係に気づきます。内部と外部をなんとかつなげようと考えるだけではなく、むしろ積極的にその違いを明らかにすること、そんな建築の可能性もあるのではないか、と考えはじめました。

「子午線ライン明石船客ターミナル」（図24）は兵庫県の明石から淡路島に渡るフェリーの明石側のターミナル・ビルの計画です。

明石が日本の子午線上にある街なので時計がほしい、それにドーム、それも時計台のイメージを明石の象徴として形態にとりいれてほしい、というのが要望でした。そのふたつをまとめて、「ドーム状の空間にさしこむ日時計の建築」というのがわれわれの計画です。

建物そのものは街区形状のままですから、都市の秩序にそのまましたがっています。建築の内的な秩序は宇宙の秩序と感応するような建築としたいと考えました。宇宙—地球（子午線）—明石という都市構造、その先に建築の内的構造があるのですが、ここではそれがひとまわりして宇

図24：子午線ライン明石船客ターミナル

宙と建築の内部空間が直接対応しています。

そんな秩序という観点からすると、私にとってのアルテス・ムゼウムだったようです。極座標系の空間が子午線、すなわち東西軸という世界のルールにのっていて、直交系の建物部分が敷地のルール、都市のルールにのっている。建物そのものが日時計になっていて、これは明石に建ちますから、極座標系の空間を決めているのは日本の子午線です。厳密に東西軸にのった、極座標系の浅いドーム状の空間を内包する四角い箱。そしてそれは都市と地形に従った直交座標系の軸にのっている。結果としてそのふたつの座標系は微妙にずれている。

さすがに半円形のドーム、パンテオンのレプリカをやるほど、私は自信家ではありませんでした。だから薄いドームです。この形態のせいで日時計の光の形が歪みます。その光の歪み方がこの場所の特質、場所性そのものの可視化だ、と考えていました。

註１「建築とは何か」

　建築を学び、制作する者にとって、これほど簡単なように思えてもっとも根源的な問いはないであろう。さらには、すでに数多くの実績を重ね、内外からの評価を得た建築家が、今さらのようにあらためてこのことを問うことの意味は深い。こうした類の問いのうちでもっとも究極的で普遍的なものとして、「私とは何か」「世界とは何か」という問いに行きつくことも可能である。つまり、建築にしても、私自身にしても、世界のありようにしても、われわれはすでにそれがどのようなものであるかをある程度先取りして知っているし、知ってしまっている。しかし、つねにこうした既知の事柄をなぞり直しながら、未知のあり方がまだ隠されているのではないかとどこからか問いかけられる声を聞き、立ち止まり、新たなありようを仮設的に更新しつづけるのである。アイロニカルにいえば、問う必要に切実に駆られないかぎり、なんの意味もない問いであるにもかかわらず、ここにもひとり、その必要にとらわれてしまったことをうちあける建築家が存在しているという事実に後押しされることが、本書を読み進める推進力となるであろう。

註２「秩序を構築すること」

　眼前に厳然として存在するはずの建築を、あえて実体を伴わない秩序としてみなすとは、どういうことであろうか。

　「建築は存在しません。建築作品だけが存在します。建築は心のなかに存在します」と述べたのはルイス・カーンであるが、彼によれば、建築作品とは、見えざる建築への捧げものであるという。また、同じくカーンは「石の建築において、一片の石は石切場の石以上のものになる」と述べ、あるいはフランク・ロイド・ライトは「私にレンガをくだされば、私はその価値をその重さの金と同じにします」と述べたという（アルヴァ・アアルトはライトのこの言葉に出会い、建築とは何かを感得したと回想している）。カーンによれば「石と建築的オーダー（秩序）はひとつのものだった」のであり、またレンガのオーダーとは、「アーチになること」なのだという。いわく、「オーダーとは、統合を支える」と。つまり、実体として目に見える石やレンガが、秩序という見えないものによって統合されるとき、それらは建築作品としての形態を得て、他をもって代えることのできない価値を生ずるのである。建築的営為とは、このような秩序を探し求め、心のなかの理念としての建築へと捧げられるべき作品を形づくることであり、上述の「建築とは何か」という答えなき問いへの、建築家としての向きあい方であるともいえるだろう。

註３「古典主義」と「ロマン主義」

　あえて断定的にいえば、実体としての建築作品よりも、オーダー、すなわち理念としての建築を指向する建築のあり方は、時代にかかわりなく古典主義とみなすことができる。この意味で、オーダーなる語に象徴される柱とは、原理的には不可視の秩序がかりそめに可視化され、実体化されたものであり、いわば古典の偶像といえる。近年ベネチア・ビエンナーレで金獅子賞を獲得した石上純也の「アーキテクチャー・アズ・エア」は、こうした柱の本質を究極的に表現した、いわば古典主義の極致といえる。これとは反対に、可視のものを不可視化するのが、壁ということはできないであろうか。隔離や遮蔽という、見えるものを見えなくする機能が認められなければ、壁とはただ巨大な平板にすぎない。とするならば、柱それ自体が本来見えないものであった一方で、壁それ自体としては、実体として見えるものでなければならないということになる。壁はきわめて機能的なものであり、実体にかかわるのである。それゆえ、壁については、〈そのとき・そこ〉でしか得ることのできない個々の具体的経験へと関心が向けられることになる。本文でも述べられるとおり、壁の経験に象徴されるこうした建築のあり方を、端的にロマン主義とみなすことができる。

註4「シンケル」と「フォン・クレンツェ」

　歴史のなかで、理性的なものと情緒的なもの、いわば古典主義とロマン主義は、交互に訪れる。無論、これらの両思潮は後世の歴史観によって定式化されたものである。しかし、古代ローマ建築についてみれば、自らが培ってきた壁による独自の構成から脱却し、ギリシャのオーダーを引き受けたという点において、時代こそ古代に属しているものの、思想としてはすでに古典「主義」の萌芽が認められる。一方ゴシックとは、ラテン人が継承してきた古典の定式から、ロマネスクをへて、神秘性、縹渺性をもったゲルマン人独自の文化への転回である点で、ロマン主義的性向を胚胎している。そして、古典的理性の復興としてのルネサンスがあり、バロックをへて、そこにさらなる情感や官能がもちこまれてロココとなり、という往還の振幅を見出すことができるのである。その後に訪れるのが、新古典主義である。思潮の振幅は、時代の推移とともにより微細化し、複雑化していく。「新」古典主義であることとは、それがもはや古典へのたんに直截な参照でないことを示している。いわばロマン主義的な時代を幾重にも経験した立場からの、古典への批評的・相対的なアプローチであるという点において、デザインとしての様式の意図的な混淆や、あるいは現存する古典以上の古典性の強調など、その態度にはつねに余剰な操作が含まれるのである。同時代のドイツで活躍したふたりの建築家それぞれの作品、カール・フリードリヒ・シンケル（１７８１−１８４１）によるアルテス・ムゼウム（ベルリン、１８２４−28）ではギリシャ風の列柱とローマ風のドームなどが巧みに組み合わされ配置される一方で、レオ・フォン・クレンツェ（１７８４−１８６４）によるワルハラ（レーゲンスブルク近郊、１８３０−42）では、パルテノンを徹底して規範としながら、現存のパルテノン以上の古典をよみがえらせているように。

第2章　場所と文化を読む—— 香港

Reading Place / Culture [Hong Kong]

これから「場所と文化を読む」という主題についてまとめてみます。前章で、建築の形式的構造の話をしました。その論点からいうと、とくにヨーロッパを中心においての話ですが、ルネサンスから現代まで建築はほとんど変化していないし、建築の形式的構造は変わっていないのではないかと思います。ただ、一方で変わったものもある。それは建築が成立する基盤となる社会構造が大きく変わったということです。近代という時代の成立、それは産業革命以降ということでもありますが、それは建築にとってどんなできごとだったのか。建築が実現するひとつのケーススタディとして、その社会構造から考えてみること。近代以前には、建築は「パトロン（patron）」と呼ばれる人たちによって成立していました。一番簡単な例で、ユリウス2世とミケランジェロを考えてみる。そうした近代社会成立以前の状況ではパトロンがいて、あるプロジェクトを建築家に頼む。そのとき、プロジェクト単体での依頼ということになるのでしょうが、単純な契約ということではなく、全人格をかけたある種の拮抗状態のなかで建築が生まれる、という人間関係が成立していた。これが前近代における建築の成立の構造だろうと思います。ところが産業革命以降、このパトロンという存在がいなくなり、それが「クライアント（依頼主）」という存在に変わります。クライアントというのは、社会構造としてはすでに市民社会が成立していますから、仕事を受ける建築家も、仕事を発注するクライアントも同じ市民であり、社会構造としてはどちらも同じところに立っていて、このプロジェクトだけをあなたにまとめてもらいたい、というオファーを建築家に出す、という形式になります。結果としてそこにあるのは、前近代的な状況、すなわち全人格をかけたある種の拮抗状態がもたらす創造過程、というようなものではなくて、クライアントと建築家の社会契約という形をとるわけです。このプロジェクトに関してはあなたが適任だと思うから、このプロジェクトを設計監理までやってください、という形をとり、仕事が終わると市民同士の対等関係に戻るわけですね。それが近代社会の構造だった。だから、建築の形式的構造は15世紀以来あまり変わっていないけれども、建築が成立する社会背景は大きく変わった。註1

それが建築にどんな変化をもたらしたのか。それは中世的な身分制度、英語でいう「class」は崩壊して、すべての人が平等に同じ立場に立つ市民社会が到来したということです。「建築」でいうと、集合住宅というものを考えてみれば一番よくわかる。たとえば、ウィーンの郊外に建っている「カール・マルクス・ホッフ」(図1)という集合住宅や、J・J・P・アウトが設計したオランダの「キーフフークのハウジング」(図2)なんかを考えてみる。カール・マルクス・ホッフの何百メートルにもわたって同じファサードが続くことの意味は何か。現在の見方からいうと単調かもしれない、でもはたしてそうなのだろうかと、私は思います。また、オランダのキーフフークのハウジングやロッテルダムのローコストハウジングなどを見て思うのは、その集合住宅のかなたに彼らが夢見ていた社会構造、それはすなわち、非常にわかりやすく比喩的な言い方をすると、貴族の息子は貴族にしかなれなかった社会構造が近代社会の到来とともに壊れて、もしかすると出身母体がぜんぜん違うクラスに所属している人たちが、同じ平面の住宅に住むことが可能になる。そのかなたに未来を夢見ることのできる社会が到来したということの確認こそがあの単調さの存在証明なのではないか。その単調さがじつはどんなに夢に満ちた表現だったかということ。同じ平面形の住宅が1kmくらい続く集合住宅こそが夢の形だった時代がたしかにあったということは忘れてはいけない。

それは「インターナショナリズム（国際主義）」註2とパラレルなわけですけれども、世界中が産業革命以降の市民社会の到来とともに均一化していきます。夢だけではなくて、その弊害ももちろんある。世界中でみんなが同じ夢の形を求めることの不可能性にすぐ気づく。そんな市民社会の夢の限界はすぐに露呈します。たとえば、1930年代にはすでにはじまる集合住宅の住戸ユニットの多様化という視点。たとえば60m²くらいのユニットから180m²くらいのユニットまであって、フラットがあってメゾネットがあって、「住戸の選択が可能な」集合住宅の存在。しかし、それは社会にとって本当に健全な姿だろうかと考えてみること。90年代のはじめにはソ連が崩壊するとともに、共産主義的社会体制がなくなってスーパー資本主義の社会になりますから、「もうけた者勝ち」みたいな社会になっていくなかでそういう集合住宅形式になるのはしようがないのですが、20世紀の初頭に、社会と建築が夢見た理想的な社会像というものがあったということを

図2: キーフフークのハウジング

図1: カール・マルクス・ホッフ

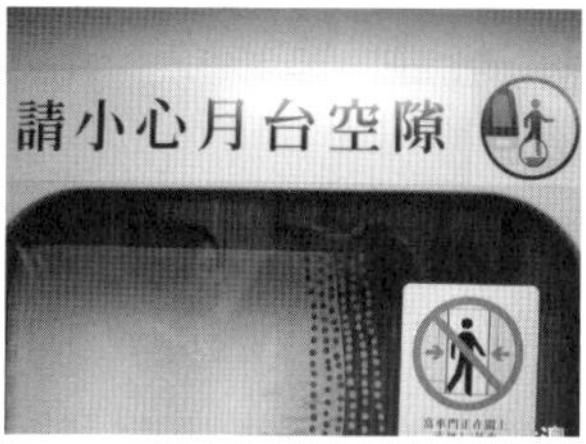

図4: 請小心月台空隙

図3: Please mind the gap

図5: シンガポールの超高層ビル

忘れてはいけない。

もうひとつは、世界中どこでもみんなを幸せにできる建築という形式の追求、それが国際主義であり、モダニズムであるわけですが、それが結果としてどんな世界をつくりだしたかというと、雪の降る寒冷地でもガラスのスカイスクレーパーだし、マレーシアの熱帯ジャングルのなかでも同じようなガラスのスカイスクレーパー、という現在の姿です。要するに、地球上どこに行っても市民社会としての幸せをもたらす形式というのを、典型的にガラスのスカイスクレーパーというふうに考えてしまう。フロアの有効率が高いとか、エアコンの効きがいいとか、経済効率が決定した建築像。結果として世界中にガラスのスカイスクレーパーが建つという世界ができあがる。遠まわりになりましたが、本当にそういう建築像しかないのかという反省のときが今ではないでしょうか。

世界中みんなを幸せにする同じ建築像があるはずだという夢の破産の後、それでも経済効率からつくられつづけてきた「ガラスのスカイスクレーパー」以外の解答を見つけだすには、世界を一体に考えることから一転して、その場所固有の場所性や文化を建築的に読解し、それを再解釈することで、その場所でしか成立しないかもしれないプロトタイプとしての建築を訴求すること、そこからしか新しい答えは出ないのではないかと考えます。そのために必要なのが「場所と文化を読む」[註3]という視点だと思っているのです。

最初は都市の話からはじめたいと思います。

まずは、香港です。まったく個人的な理由からなのですが、１９８０年代の中頃から数年前まで、香港がその経済的繁栄の極にあったときから本土への返還をへて、現在まで、よく通っていました。その香港に行くたびに、自分を戒めるために忘れてはいけないな、と思うサインがあります。それは香港の地下鉄の扉に書いてある「Please mind the gap」というサイン（図３）です。

もちろん、これは段差に気をつけてホームから落ちないように、という意味であることは百も承知しています。もう少し親切な地下鉄、たとえば、台湾の地下鉄では「Please mind the station gap」とか、もっと説明的に書いてあるんですけれど、香港の場合はずっと抽象的に「Please mind the gap」ですね。これを見るたびに、それを建築家としての戒めとして私は読んでいます。「そうだ、ここは日本の文化とはぜんぜん違うところで、その違いに注意しなくちゃいけない」、そんなふうに地下鉄が教えてくれていると思っているわけです。

これからの話はじつはそういうことです。自分があたりまえだと思っていることをあたりまえだと思わないこと「Please mind the gap」。同じことを中国語で表記するとこうなる。「請小心月台空隙」（図４）。月台が platform ですから、これを英語にしたときに platform がなくなる。そんなことがおもしろい。それが、文化ということではないか。

本当に些細なことだけれど、都市の文化はそんなちょっとした差異のなかにある。それをおもしろいと思うかどうかを、ひそかにわれわれに問いかけている。

ヨーロッパに足繁く通った時代もありました。でも最近はアジアの都市がおもしろい。それは、ヨーロッパの都市やアメリカの都市がこれまで経験してないようなフェイズにアジアの都市は現在、突入しているのではないか、と思っているからです。

新しく開発された高層ホテルの窓からウォーターフロントの都市を見ると、それがどこの都市なのかわからない。横浜かな、福岡かな、あるいは上海かなと考える。今アジアの都市はどこも開発がどんどん進んでいて、どこでも同じような様相を呈しています。

だけど、都市はそのなかに踏みこんでいくと、違う様相をみせる。たとえば、シンガポールもダウンタウンに入っていくと、道教の寺院などの地域の文化が残っている。

そこまではヨーロッパの都市も同じですが、ただ、そこから見える風景がことなっている。ここでは道教のお寺の中庭越しに超高層が何本も見えています（図5）。これはちょっと古い写真なので、今はもっと増えているでしょう。こういう状況がおきていて、こういう歴史的な道教寺院の中庭風景のかなたに、新しく開発された超高層が林立しているという状況が、アジアの都市、その歴史的街区で展開している現在の風景だと思います。ヨーロッパ的な文脈、統一的な街並みが美しいという観点からすると、これはひどいとしかいいようがない。新しい開発が古い景観を壊しているという話ですが、本当にそんなに簡単な話だろうかと、私は思います。むしろアジア

図6：シンガポールのショップハウス

図7：シンガポールのショッピングアーケード

の都市を考えるときに、こういう形での新しい都市風景と古い都市景観がぶつかるというあり方には、都市空間の新しい可能性があるのではないかと思う。こういう都市状況に対して単純にNoと言うのではなく、仮にYesと言ってみること。そこに何か新しい可能性がみえてこないかと思います。

次の例は同じシンガポールのショップハウス（図6）です。ショップハウスは中国の南の地方の都市に典型的なタウンハウスの形式です。ショップハウスでは近代的な概念であるpublic/privateの境界があいまいなところがおもしろい。2階から上は道路との境界まで出っ張っていますが、1階はそれより下がっていて、商業の空間になっている。1階の下がっている部分は歩廊になっていて、東南アジア特有のスコールのある熱帯性気候に合っている。形式的には店舗併用型住宅ですが、ではこの歩廊の空間、商品が所狭しと店舗の延長で並べられた歩廊の空間は、いったい、publicなのか、それともprivateなのか。そんな近代的な機能的説明をのり越えたところにショップハウスの歩廊空間の魅力はある。

それが現代的な商業資本によって、読みかえられている例を見せます。ショップハウスをリノベーションし、街路上にガラスの屋根を架け、したがってすべての場所が空調されているショッピングアーケード（図7）です。結果としてディズニーランドのようですが、しかしそれはディィズニーランドと違って本物でもある。リノベーションされた後、ひとつの都市の舞台装置へと変身すること。これがなぜ受けいれられるかというと、まず涼しいこと。さらに入り口でセキュリティチェックできるため、安全にショッピングできること。さっきの現実のショップハウスの街だとどこでひったくりが来るか、わからない。でも巨大ショッピングアーケードの場合は、入り口に警備員が立っていて、安心してショッピングができるし、さらにエアコンが効いているうえに雨が降らないという空間。結果としてさっきの歩廊の空間はそのおもしろさを失って、たんなるファッションアイコンになってるわけです。

でも、私自身はそれをそれほど悪いことだとは思っていないところがあります。こんなことがアジアではそこらじゅうでおきているわけですが、そのなかにアジア的真実があると思うし、その中身を知りたいと思っている、アジア人としての自分がいる。

香港でも、同じようなことがおきています。

香港にはふたつの顔があります。観光都市としての香港がカオルーン側なら、香港島側はオフィスが多く、ビジネスの都市としての香港の顔です。

ここでもpublic/privateという視点から都市をみたとき、おもしろいことがおきている。まず、第1章で述べた、看板が都市空間を変えるという視点。結果として、そこが店舗のなかなのか、それとも公共歩道なのか、よくわからない奇妙な都市空間ができている（図8）。これの何が私にとっておもしろいかというと、「商品を売りたい」という個人的な欲望が、都市の公共空間を変容させていて、しかし結果として、けっして悪くない都市空間、ほかの都市にはない、香港的としかいいようがない都市空間ができているという点です。さらにもうひとつ、香港の都市空間がほかの都市と違うのは、この看板は点滅を許されていないということですね。今は空港が新しいチェプラックコクに移りましたけれど、前のカイタック空港は本当にカオルーンの都市のなかにありました。本当に建物や道路のすぐ上を飛行機が飛ぶわけです。看板が点滅すると、飛行機はどれが誘導灯だかわからなくなるので、看板の点滅が禁止されている。そのとても静的（static）な感じが都市空間の privatization、個別化を加速する感じがします。

今度は香港島側、セントラル地区を見ます（図9）。こんな街区がある。同じコーナーから右を見るとみんなが思う香港。左を見ると、ベトナム料理のお店、さらにスペイン料理のお店が続く。いったい、このコーナーはどの都市にあるのか。都市空間そのものが舞台空間化していて、都市での空間体験が、ほとんどエンターテインメントに近いものになっている。言い換えると、仮想化されていて、かぎりなくアーケードゲームの世界に近い。もちろんそれは香港という街が商業で成立している都市であるということが大きな要因としてあります。

香港には「ヒルサイドエスカレータ」（図10）という名前のエスカレータが都市のなかに、歩行者用の街路に沿ってあります。海のそばから山の中腹、オフィス街から商業エリアを抜けて住宅

図8: 香港の看板

図10: ヒルサイドエスカレータ

図9: 香港セントラル地区

エリアまで、もともとは階段がつないでいて、直交する道路には車が通るから階段は切れながらではありますけれども、2kmにわたってつながっていた。そこに歩行者のための都市交通インフラとして、エスカレータができた。エスカレータはある点とある点を直線で結ばないとできません。階段は地形なりに勾配を変えることができる。結果として、このエスカレータにのって都市空間を経験していると、ある場所では自分は1階の高さにいて、そこで売り買いしている人たちの姿が見える。でもそのままエスカレータにのっていると、今度は2階と同じ高さになって、2階で暮らしている人の家がのぞける。食事をしている2階の人たちと同じ目線の高さになる場所もできる。斜めの街路に沿ってはいるものの、直線的な、しかも等速度の移動空間に身をゆだねていると、都市空間のなかにいながら、同時にそれを第三者的にみる視点のようなものが生まれる。自分は動いていないにもかかわらず、現実とは微妙にずれて移動するエスカレータという移動手段のおかげで。あの暑い香港で、日本みたいに横を歩いて急ぎ足でエスカレータを上がる人はいませんから、みんな立っています。そうすると「香港」というテーマパークを経験しているような、どこかのエンターテインメント空間にいるような気分になる。ただ、2階に住んでいたのに、それが外からのぞかれることになったから、これに面した住宅の値段が落ちたという問題があるらしい。そんなふうに問題はたくさんあるけれど、都市を享受する立場からいうと、ほかの都市では経験できない都市経験ができる場所になっているのは事実です。

そのエスカレータのイメージ、都市の街路空間だか、それとも内部空間だかわからないような空間の魅力をすごくうまく使ったのは、フェイ・ウォンの写真、「恋する惑星」という映画のスチールです（図11）。「恋する惑星」で、フェイ・ウォンがトニー・レオンの警察官の部屋に忍びこむときにエスカレータが外部の都市空間なのか、それともショッピングセンターのようなパブリックな内部空間にあるエスカレータなのか、わからないように演出されています。すなわち、エスカレータという装置が想像させる室内性をうまく使っている。もちろん、このヒルサイドエスカレータは外部、それも都市のまっただなかにあります。

同じような例として、「Hong Kong cruise」と私が呼んでいるものを紹介します。ここではむしろその商業施設とは逆に、都市住民が現実の都市空間をさながらテーマパークのように読み解き、経験するという例を、今度は香港の現実の都市空間のなかに見つけます。

ここでHong Kong cruiseと呼んでいるのは、さながらディズニーランドのジャングルクルーズに近い経験を現実の香港の都市で経験するというものです。

香港という都市での生活作法。それを都市というジャングルのなかで、ターザンのように生きていくことだ、と考えてみます。

それは、たとえばコーズウェイベイという香港の商業エリアにあります。そのコーズウェイベイに私の好きなレストランがあって、その話を香港の友人としていたことからはじまります。香港に着くと、コーズウェイベイの地下鉄駅から最初は地図どおり、道路を歩いてそのレストランに行っていたのですが、あるとき香港の友人に、「そんなに遠まわりしてるの！」と言われました。一般的には、けっして遠まわりしていたわけではありません。彼女が教えてくれたのは、香港では「ビルディング・ホッピング」という行き方があって、暑い道路を歩かなくても、エアコンの効いている場所をつなげると簡単に、早く、しかも涼しく行けるんだよ、という話でした。その行き方は都市にふつうに暮らしている人たちが、自然発生的に発見するんです。自然発生的なジャングルのなかの踏み分け道と同じような道を、都市のなかで発見するわけです。

まず、屋台が並んでいる、ちゃんとした道路からスタートします。すると、ある場所で突然、屋台のお店の隙間に入っていきます。本当に隙間なんですが、立ち止まって見ていると、そうとうな数の人たちがその隙間に入っていきますから、みんな知っているわけです。その隙間の先には、あるスーパーマーケットの地下階の入り口があります。でも、そこは本当は入り口ではなくて、チェックしてお金を支払ったあとの出口なのですが、そこから店内に入っていくわけです。そうすると、ここから先はエアコンが効いています。ほとんどの人が下りてくるエスカレータを横目に見ながら逆に、上の階に上がります。そうするとそこからはきらびやかな、いわゆる「香港ゴージャス」な商業施設のインテリアがはじまる。そこの上階から今度はブリッジで、道路を飛び越えて隣のビルに渡ります。ここはさっきと違ってミニマルなデザインで、そこにあるブランドもちょっとハイエンドで、高級なショッピングセンター。前の商業施設はむしろドメスティックなショッピングセンターでした。このショッピングセンターを抜けると、上階のオフィスビルのエントランスホールにつながるエスカレータに出会う。今度はそのオフィスビルのエントランスホールに出ます。そうするとその向かいに、めざすレストランがある。

そんなふうに、自然発生的にみんなが発見した道が都市のなかにいくつもあること。

本来、正確にはパブリックな場所ではない、オフィスビルのエントランスホールやショッピングセンター、それにスーパーマーケット。そんなセミパブリックな空間をつなげることで、人にじゃまされず、しかもエアコンの効いた自分だけの道を発見すること。それが、屋台の隙間をすっと抜けるところからはじまるのが、おもしろい。それが、前提として暑いからなるべく外を歩きたくないという環境条件からはじまっているというのも、さらにおもしろいですね。

都築響一という人の『TOKYO STYLE』（京都書院、筑摩書房）という本があります。1990年代当時、パリ・スタイルとかサンタフェ・スタイル、タイ・スタイルなんていうSTYLE本がやたら流行っていました。『TOKYO STYLE』という本はその装丁だけは、おしゃれ本と同じように装っている本ですが、なかにあるのは「東京」というメガロポリスで、ひとり暮らしの個人がどんなところで暮らしているかを記録した写真集です。

それを見ると東京というメガロポリスでひとりの都市住民、それも裕福ではない若い人たちが都市で生活するために創造した、ある意味では破天荒なライフスタイルを見ることができる。でもそうしてまでそこにいたいという大都市、メガロポリスの魅力とはなんなんだろうか。今度は「Living in Megalopolis」――メガロポリスに住むということを考えてみます。

東京と同じようなメガロポリス的状況にある香港で、どんな特徴的なライフスタイルが展開されているのか、というのが私の香港をみるときの視点のひとつでした。

これは香港の違法住居です（図12）。ビルの屋上に、違法増築されているものですが、これはやっぱりなかなかおもしろい。「プライバシー」という視点を少しはずしてしまうと、新しい住まい像がみえないか。たとえば、都市そのものをランドスケープだ、と考えてみること。屋上に立ち、前の道路を谷、うしろのビルは山だと思ってみること。そうすると、屋上のペントハウスという住居は、立体的なランドスケープのなかの平屋の住居にみえないか。そこで鍵になるのはプライバシーですが、プライバシーというものが、どれほど重要なものなんだろうかと考えたときに、この違法住居のかなたにみえるペントハウスという住居の可能性がみえた、と思いました。

別の例で、香港のシャングリ・ラ・ホテルの屋上プール（図13）ですが、ここは地上7階にあります。ここが屋上庭園としてさきほどの違法住居と同じように新しい可能性をみせてくれていると思っています。この場所はオフィス街にあるホテルの7階ですから、中国銀行や香港上海銀行、

図11：フェイ・ウォン「恋する惑星」より

図13：香港のシャングリ・ラ・ホテルの屋上プール

図12：香港の違法住居

それにさまざまなオフィスビルに囲まれている。そのなかではみんな仕事をしていて、その仕事をしている人たちから見下ろされる場所がリラックスするための空間になっている。プライバシーはそこにはない。仕事をしている人たちから見下ろされる場所で、さながら誇るかのように休養をとる人たちがいる。都市という空間のなかで、「見て／見られて」という視線のかなたに成立する都市性。それこそメガロポリスの快楽ではないのか。そこには紋切り型のプライバシーの議論など、吹き飛ばしてしまう魅力がある。

オフィス街であるセントラル地区のレストランでは、屋上でご飯を食べたり、お酒を飲んだりしていますけれど、見下ろすと香港の街が見える。都市のまっただなかの屋外で風に吹かれながら、ご飯を食べたりお酒を飲むこと。その悦楽感というのは、都市空間、しかも巨大都市でないと成立しない。これは人口50万人くらいの都市の、高層ビルが3本くらいしか建ってないビルの屋上では成立しません。それは単純に景色がきれいだということ。メガロポリスの楽しさはそんな景色がきれいというようなことの先にはみえてこないでしょう。

同じように最上階のテラスが特等席になっているクラブが、古いビルの屋上にあります。内部は１９３０年代の上海を再現してあり、建物の内部にいると時間は１９３０年代で止まっています。しかし一歩テラスに出ると、そこは現代の香港のまっただなか、という対比になっていて、こういうメガロポリスの屋外空間がもたらす悦楽こそが主題になっています。

そんなメガロポリス的都市状況のなかで、私がどんなことを考え、どんなことをやっているのかということをこれからいくつか見せます。

蘇州で集合住宅、低層のテラスハウスのモデルハウス「Suzhou Vanke Villa」をやりました。主題は江南地方の伝統的な風景を現代建築のなかに再生させること。20年来の私の友人である香港のグラフィックデザイナーのアラン・チャンとの共同のプロジェクトです。彼と決めたのが、「梦江南（Dreaming Jiangnan）」というもので、江南を夢見る、というコンセプトです。

江南地方の蘇州の近くに同里（Tongli）（図14）という集落があります。江南地方には揚子江が流れていて、北京と上海を結ぶ大運河もあり、さらにそれらをつなぐ小さな運河がたくさんある水郷が特徴で、同里はそれを代表する伝統的な集落景観を残しています。そこでは水が重要な要素であり、このプロジェクトでも中庭を水庭にしようと考えました。

1階にリビングとダイニングがあって、まんなかに水庭を挟んでいます（図15・16）。リビングの障子とサッシュは上方にスライド可能とし、向かいあうダイニングのサッシュも水平方向にスライドして、壁の中に隠れます。すなわち、サッシュを開放すれば水庭を挟んでリビングとダイニングは大きな一室空間、それも半屋外の一室空間にすることができます。

リビング、中庭、ダイニングとも、床仕上げを江南地方の庭園でよく使われている瓦仕上げとしたのも、その屋外性を暗示したかったためです。

また上階の個室をつなぐ廊下も幅を一般よりも大きくし、しかも中庭に面した部分をガラス面で室内化することをやめ、木製のルーバーで中庭にセミオープンな屋外空間としました（図17）。

日本で住宅を設計するときに、そのプロジェクトにきっかけをあたえてくれたのが、北京の都市空間だった、というプロジェクトがありました。「Hu-tong House」という名前のプロジェクトです。北京で伝統的な都市空間を経験したところからはじまります。北京には胡同（Hu-tong）（図18）と呼ばれる路地空間があります。昼間はぜんぜん人気がないですけれども、夜になるとその路地で七輪を出して鍋を焚いていたり、ご飯を食べていたりする。本来はパブリックな道路が、夜になるとダイニングスペースやコミュニケーションスペースへとさまがわりする、まさにプライベート化するわけです。その心地良さ、それにはこの胡同の幅と高さのプロポーション、狭いわけではないけれど広いともいえないスケール感がその心地良さをもたらしているのではないかと感じた。これを意図的につくりあげてみようと思ったのが、「Hu-tong House」（図19）です。

もうひとつ参考に考えていたのは北京特有の住宅形式、四合院（図20）です。四合院とは4つの建物が囲んで中庭をつくるという、北京で典型的な住宅形式です。これはほかの国の中庭型住宅のように、建物そのものが囲いこむ形になっているわけではない。矩形の建物が4つ集まって、

図14：同里

図16：Suzhou Vanke Villa

図15：Suzhou Vanke Villa

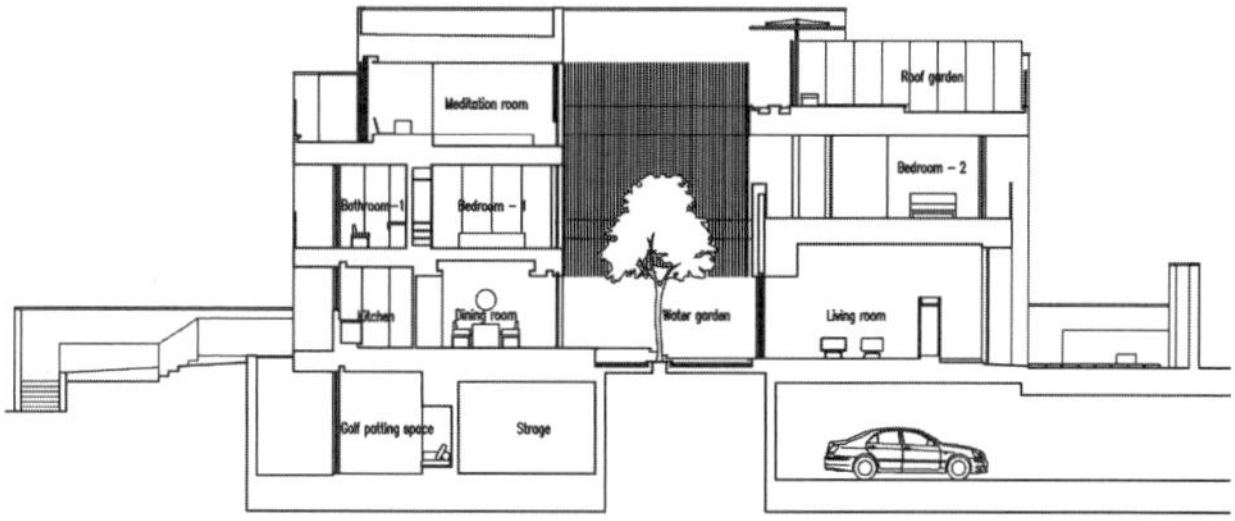

図17：Suzhou Vanke Villa 断面図

中央に中庭が形成されているけれども、その中庭の四隅は閉じていなくて、抜けています。

この四合院的な屋外空間に、胡同のプロポーションとスケールをもちこみ、重ねあわせることで、そこでのアクティビティが状況に応じて変わるような屋外空間を建築化できないかと思った。ですから、中庭とも、路地ともつかない屋外空間が主役の住宅です。

建物は独立した3つのパビリオンの集合体で、ベッドルーム・パビリオン、リビング・ダイニング・パビリオン、それにスタジオ・パビリオンがあり、そのあいだを屋外空間が胡同のように、あるいは四合院の中庭のようにつなぎます。

遠いかなたには山並み、日本の自然のランドスケープが見えます。その手前にこの街の家並みが見え、それにつながるように、さながら都市空間の一部であるかのように、この住宅の屋根がつらなる。この日本の地方都市では、やはり屋根の形状が重要だと考えていました。私の仕事としては、ほとんどはじめて傾斜屋根を架け、それも3つのパビリオンの屋根方向を変えながら、街並みにつなげていこうと考えたわけです。もちろんこれは個人住宅で、パブリックな都市空間ではありません。けれども、個人住宅であっても、都市空間から学んだことをそのなかに投射してみたいと考えていました。日本の地方都市にある敷地なのに、北京の都市空間を夢想したりしていたわけです。

ついでにいうと、これは黒い住宅です。いつも白い建築を設計しているのに、ここではなぜ黒

図20：四合院

図18：胡同

図19：Hu-tong House

い建築だったのか。これもアジアの都市から学んだのですが、影の空間の美しさ、それに光が明るいところから暗いところまでグラデーションしていく美しさが建築の大きな要素になっていると感じていました。ちなみに、さきほどの同里の建築もそうですね。ここでやりたかったのは、光と影のエッジが1本の線ではっきりと出るような建築空間ではなく、どこかぼんやりとしていて、光と影がグラデーションでつながっていくような空間をつくってみたい、建築家としてアジアを旅して肉体的に学んだことを形にしてみたい、そんなふうに考えていたことがこの建築に結実した、と今、思っています。そういう美しさにはじめて目覚めたという自覚はありました。

註1「パトロン」と「クライアント」

現代の語義でいえば、本文にもあるとおりパトロンとは庇護者、クライアントとは依頼主、ということになるが、じつはこの2語は、古代ローマにおけるパトロヌスとクリエンテスという語源をもち、しかももともとはこれらが対義の関係にあったということに鑑みるとき、本文で述べられる前近代から近代への建築をとりまく世界の変化の理解に、さらなる奥行きを加えることができるであろう。

パトロヌスとクリエンテスとは、古代ローマの封建的支配制度における、国家間や人々の主従関係における、保護者と被保護者とを意味する。戦争に勝利した将軍と征服地との関係や、有力な貴族とその配下にしたがう人々などに両語がそれぞれあてはまる。必ずしも一方的な支配・隷属関係をさすのではなく、それぞれの役割に応じた相互扶助の信頼関係を意味するものであったようだが、近代をへて、建築主の位置づけがこうした対義語の一方から他方へと反転したことは興味深い。その転回の鍵となるのは、ルネサンスであろう。ルネサンス以降、はじめて建築家という職能が個人の資質に帰せられ、尊敬されるべき立場として確立された。すなわち建築家は、かつての権威者であったパトロンによる庇護という恩恵のもとで、新たな権威となるべく自らその地位を高め、ついに自立した立場を獲得したのである。その結果、建築家はもはや庇護される者ではなく、その自らの権威のもとで、他者を庇護すべき使命を有する者へと変化する。しかし、ルネサンスをへて近代を迎えた社会においては、もはやこうした庇護がパトロンの側から〈さしだされる〉のではなく、社会契約上の権利として主張される、つまりは契約者たる市民の側から〈要求される〉ものへと変容した。こうした消息を考えれば、建築主と建築家のかかわり方が、双方向的な無償の信頼関係から、権利・義務というそれぞれに一方向的な契約関係へと変化したことや、かつて被保護者という意味であったクリエンテスが、今日では契約上の依頼主としてのクライアントへと転化したことを、理解することができるだろう。

註2「インターナショナリズム（国際主義）」

建築においては1925年にヴァルター・グロピウスが著書『国際建築』を発表し、上述した市民社会という新たなクライアントに対して、いかに建築家が社会的責務をはたすことができるかが問われた。建築家の職能の確立と、市民社会の到来が、近代という時代の到来のなかでおおよそ並行したことは、以降の建築にとってかつてない変化をもたらすこととなった。あえて図式的な誇張を含めていえば、建築家が引き受けなければならない責務とは、もはや遍在的、無名的な不特定多数へと拡散した市民から要請される、社会契約上の義務として信じられることとなる。建築家たる〈私〉が向きあうのは、パトロンという顔の見える唯一無二の「他者」ではなく、〈私〉を含んだ市民一般、あるいは市民という一般概念のなかで顔を失った〈私〉、つまりはそのような顔なき〈私〉と同等のものとして想定可能な「他我」へと変容し、それへの応答は、「他者」へと開かれた予測不可能な対話（ダイアローグ）から、シミュレーションという名目のもとでの「他我」との自問自答（モノローグ）へと閉じてしまうことになるのである。可能なかぎり最大公約数化された、〈私〉と同じように予測可能なほかの主体、いわば我なき自己の分身としての「他我」にもとづく問いであるがゆえに、導かれる解答は均一である。「他我」とのモノローグという自己完結の形式は、他なるもの、外なるものを想定しない。いわゆる近代主義建築があらゆる地域性、歴史性にかかわらず、世界中に加速度的に拡大することになるのは必定といえる。

註3「場所と文化を読む」

　前近代のパトロンと近代以降のクライアントとのへだたりは、それがダイアローグであるかモノローグであるかという差異だけでなく、上述した古代ローマの相互扶助の関係と近代の契約関係の差異としても見出すことができる。すなわち、パトロンがさしだす庇護とは、それ自体としてはなんらかの見返りをただちに求めるものではない。いわば無償の贈与である。ひるがえってパトロンが得る協力もまた、あくまでも庇護への代償としてではなく、信頼にもとづく献身として受けとられるのであろう。庇護と協力とが等価であるかどうかよりも、どれほどまでに惜しみなく他者へと自らがさしだされているかが真の相互扶助につながるのであり、本来的に余剰や欠乏が情動の範囲内で容認された、非対称で不可逆の関係であることをまぬがれない。一方、近代の契約関係においては、発生する義務にみあうだけの代価が理性的におしはかられ、その範囲内での行為が等価交換される。つまりは完全な対称性、可逆性を理想とする、閉じられた系のなかで完結する関係においては、余剰も欠乏もなく、つまりは情動の発動する余地がほとんどない。

　しかし建築には、前近代のパトロンが去った後でもなお、無償の贈与を惜しまない存在が依然として残されている。それは自然である。たとえば光や大気という建築にとって不可欠な要素が、われわれには無償で贈られているのである。自然とは建築家にとって、絶対的な他者であり、永遠のパトロンでありつづける。自然と建築との対話は、つねに余剰や欠乏をはらみ、非対称である。こうした自然とわれわれとが出会うインターフェイスに、場所や文化が見出されるといえる。ゆえにわれわれは、近代主義への反省として、場所や文化をあらためて見直し、そこに再び建築がかけがえのない他者へと真摯に開かれる兆しを見とるのである。

第3章　場所と文化を読む——ソウル

Reading Place / Culture [Seoul]

韓国について考えてみたいと思います。

10年以上前から韓国でプロジェクトがあったことをきっかけに、よく訪れるようになりました。仕事を通して信頼できる友人になった建築家と個人的な時間をすごすようになり、そうした日常的な体験のなかで都市や場所性について学びました。

ソウルをはじめて訪ねたとき、京都と同じように中国的な都市観、風水[註1]に基づいて計画された都市なのかなと思いました。北に山がひかえ、南に川がありますから。最初はふつうに東アジアの歴史的な都市だろうと思っていたわけですが、いろいろな差異、たとえば見なれている日本の都市とソウルの街との風景の違いに気づきます。まず、街のなかに緑があること、それと同時に街のなかに起伏があること。たとえば京都と比較して考えてみると、京都は基本的にフラットで平坦な地形で、南に向かっておだやかな下り勾配があるという地形です。そういう意味では北京や西安だってフラットです。ところが、ソウルの街のなかには小山があったり、丘があったりする。たとえば、ソウルの街のなかにある小山から見た風景で、金壽根の設計した建物の屋上から見たもの（図1）。金壽根という人は韓国を代表する建築家で、東京藝大を卒業後、韓国に戻って空間社という設計事務所をはじめた人物です。韓国の現代建築界の第1世代といってもいい人で、現在の韓国の現代建築を担う建築家の多くはその空間社の出身であったりするという人物です。手前にあるのはその金壽根が設計したホテルで最近リノベーションされたものですが、その向こうに広がるソウルの街を見ると、緑があふれる山の風景が都市の内部にあって、起伏とそれぞれがある程度のボリュームをもちながらも点在する緑の存在が特徴的な都市だと思います。

そのことが結果としてつくりだす都市風景があります（図２）。山と緑を背景にしながら、手前にビルが林立する風景。しかも、その林立するビルは、日本やあるいはニューヨークとは少し違っていて、そのビルの立面が同じ方向を向いていない。それは副幹線道路は都市の全体計画にのりながらも、地形の起伏にしたがわざるをえなかったことの結果でしょう。

もっと細い道路、住宅街区などの道路になると、地形にあわせて曲がったり、Ｔ字にぶつかったり、といったヴァナキュラー[註2]な集落を思わせる風景が出現し、都市の風景のスケールが幹線道路周辺と比べて自然に落ちていき、ヒューマン・スケールの住区が実現しているという、スケール感のシークエンスが実現しています。

ただ一方で韓国という国の人口の約４分の１がソウルに住んでいる、近隣まで含めてソウルとしての都市圏を考えると人口は２分の１になるかもしれないというという現実があります。ソウルという都市は巨大都市国家だといってもいい。韓国という国はソウルとそれ以外、というふうにも理解できます。

高い場所から見ると、起伏と緑、それに高層ビル、その足元に地形なりに配置された住宅などの低層建物、そしてその風景がどこまでも広がり、スプロールしていく。それが郊外にいくにしたがい、徐々にまだら状に空隙率が上がっていくという風景がソウルだと思います。自然と人工との関係、それに「等高線」の存在、言い換えるとオリジナルの地勢のありようが都市のランドスケープの広がりのなかに残っているという都市風景でしょう。

もうひとつ韓国で気づくことがあります。それはハングルが表音文字だという点です。ハングルは音だけをあらわしているわけでなんの意味も引きずっていない。そういう表音文字がつくる都市風景は、たとえばアルファベットがつくる都市風景と同じですね。中国では、漢字は簡略体になっても表意文字で、意味を引きずっていますから、それが看板という形で都市風景の要素になると、ハングルとは違う印象があります。一字一字の文字がもっている意味が、それを見る人に直接コミュニケートしてくる点が違います。

中国を中心とする漢字文化圏[註3]のことを考えてみます。

漢字という中国の文化があってそれは東の方向、韓国や日本に伝搬したわけですが、それが南のベトナムのほうにも伝わった。それぞれの国によって、受容の仕方が違います。ベトナムは意図的に漢字を排除した。韓国はハングルに変化させた。それと比較すると、日本では表音文字の仮名も使いながら、同時に中国から受容した表意文字の漢字も使う、さらにカタカナで西洋の文化も受容するという、きわめて包括的な文化受容の形態となっている。文化的に上位だと考えられる地域から伝わってきた「漢字」をどうとりあつかうか。ベトナムのような「拒否」、韓国のような「横にずらす」、あるいは日本のように「すべて包括する」といった違いがみえてきて、とても興味深い。それはそれぞれの場所での異文化受容の形式の象徴的な例と考えていいのではないでしょうか。

日本のことを考えると、そうした「すべて包括的に受容する」という形式は漢字だけでなく、さまざまな分野にみることができます。余談ですが、そんな日本の文化受容の形式を象徴的にあらわしているのは、東大寺正倉院という存在ではないでしょうか。これは、日本文化のあり方そのもの、といってもいい。

あらためて、韓国に戻ります。

韓国の都市風景を見たとき、とてもきれいだなという印象をもつ。それは都市にあふれる看板、そのグラフィックがなんの意味ももっていないということ、ハングルを理解しない外国人にはなんの意味も訴えてこないグラフィックだということです。それは英語の看板と同じことで、英語も表音文字ですから読む気にならなければなんの意味ももたない、たんにグラフィカルなパターンでしかない文字ですね。そうした表音文字の羅列がもつある種の秩序感、あるいは力。

私の印象ですが、中国は韓国以上にわれわれに近いなと思うときがあります。同じように韓国は中国以上に遠いと思うときがあったりする。それはわれわれが表意文字である漢字の文化圏にいて、日常的に表意文字があふれる世界に暮らしていることが理由なのではないか。基本的な文化背景、それぞれの文字がそれぞれの意味をかかえているという表意文字文化の世界と、文字一文字ずつではなんの意味ももたないが、それらが羅列されることによって意味が発生するという表音文字の世界。

その違いが都市風景を変える。「意味」をもつ看板にあふれる中国や日本の都市と、その文化の内部にいなければ、まったく了解不能でたんなるグラフィカルなパターンにしか見えない看板の韓国やベトナムの都市風景。

そういう文脈でベトナムや韓国をみるとすごく興味深い。どちらも意図的に表意文字である漢字を意志をもって破棄した国ですから、言い換えると、意味の世界から離脱した文化圏です。

最初に韓国の街を見て思ったこと、それはたんに日本の看板と比較して、どうしてソウルの看板はきれいに見えるんだろう、ということでした。そんな単純な疑問が出発点で、最後には文化的背景、漢字に対する受容の仕方、異文化を受容する作法の違い、そのプロセスの違い、そんな議論へと展開します。韓国と日本のちょっとした都市風景の印象の違い、そんな視点から文化のあり方を思考するまでにいたること、これが都市空間を体験することの楽しみ、建築的な言い方をすると、場所と文化を読むということなのではないでしょうか。

私の持論ですが、日本はアジアの一番東の端にありますから、さまざまな文化事象、もちろん漢字もそのひとつですが、西にある中国から伝わってきたものが、中間の位置にある韓国では消

図1: 金壽根の建物から見たソウル

図2: ソウルの都市風景

図3: 新聞のスタンド

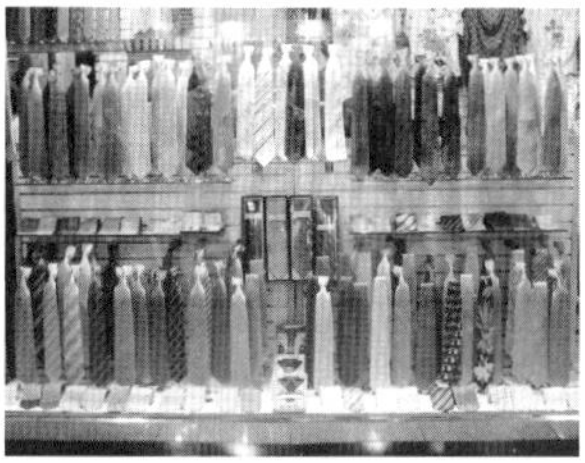

図4: ネクタイのショーウインドー

図5: 宗廟の門越しに見た前庭

図6: 宗廟

えていく、でも日本は一番東端にあり、そこから東に伝えるべき場所が存在しない。したがって、どの時代のものも全部残っているのではないか。漢字でさえ残っていて、平仮名あるいはカタカナと併用というような形で同時代化して、生き残っていく。これはどこかに似ているなと思うと、バリ島の文化に似ているのではないか。

あの場所も、日本と同じく、アジアの東の端です。ヒンズーやイスラムが西のほうから来て、一番東の端のバリでアーカイブ化していく。これは個人的な印象ですが、バリ島で文化が熟成していく感じと日本の文化の熟成していく感じは、似ている気がする。そこからどこへもあらためて文化を伝えようがない国、文化を受容し、熟成と洗練をするしかない場所なのではないか。

新聞が並んでいる街角のスタンドの風景（図3）。上海で同じ風景を見たらなんとなくわかります。漢字ですから。でも韓国に行くとまるでわからない。世界がたった今、どうなっているかわからない心地良さ、現在、世界にはつながっていないという感覚の新鮮さがあると思います。要するに新聞スタンドとネクタイの並ぶショーウインドーとは変わらない（図4）。新聞が並んでいても、ネクタイが並んでいても、同じようにグラフィカルなメッセージとしてしか理解しようがない心地良さ。その場所にとっての部外者であるという感覚、その文化に所属していない人間であるという感覚は自分をとても新鮮にしてくれます。

ハングルの看板があふれるソウルの街が教えてくれること、街角を歩きながらそんなことを考えさせてくれるのが、ソウルという都市です。

建築の話に入ります。まず「宗廟」です（図5・6）。

外国の建築を見るときにはその英語名を見るとわかってくることがあります。宗廟は韓国の建築家と英語で話しているときになんと呼ばれているかというとforbidden cityです。その英語名を聞いてまず思い出すのは中国の建築、北京の天安門に広がる故宮でしょうし、あるいはベトナムのフエに建つ、アメリカ軍の空爆の跡が今でも残るforbidden cityでの空間体験を思い出します。この英語名を日本語に直すと「紫禁城」ということになる。forbidden cityという英語名をもつ建築のいくつか、それこそ北京、フエ、ソウルと考えてみると、それなら京都御所の英語名もforbidden cityということになるのか、とよけいな連想をしたりする。

さきほどの漢字文化圏と同じく、forbidden cityという名前をもつ建築の世界的な広がりが宗廟のかなたにみえてきます。

宗廟を見たときにまず最初に想うこと。ひとつは手前の広場がフラットではなく、ゆるやかな小山状の起伏があること、もうひとつは建物のすぐうしろに山と緑をかかえているということでしょう。

背景に山と緑をかかえていることが韓国の建築のひとつの特徴ではないかと思いはじめます。さらに詳細にみていくと、起伏するランドスケープと建築、それも宗廟のような、きわめて規範的に計画された、古典主義的な建物と、ロマンティックに起伏するランドスケープが、さまざまな形態やディテールで調停されていることに気づきます。さらにこの建築とランドスケープを調停するということ、あるいは調停する作法が韓国の歴史的な建築に共通する価値観として存在しているのではないか。

まずその基本となる、うしろに山と緑をかかえて建つ建築というあり方はもちろん風水からきているのでしょうが、それがソウルという都市の成り立ちと入れ子になっているかのようにもみえます。最初に記したように、ソウルという都市は全体として南に水、北に山という場所に計画されながら、同時にその内部に小山の緑と低くフラットな場所がいくつもあるような都市です。むしろ意図的にそんな起伏のある地勢の場所に築かれた都市なのかもしれない。だからこそ、建築単体の計画でさえも、都市そのものと同じような風水的なランドスケープと建築との関係をつくりだすことが可能なのではないか。そんなことが可能な場所が都市内に複数存在するわけです。

ソウルの分析でそんなことをいっている人はだれもいないけれども、建築家の眼にはそういうふうにみえてしまう。もちろんこれは読解のひとつであって、事実の検証としての議論ではありません。

ただ、宗廟とランドスケープの関係が、ソウルという都市とランドスケープの関係とパラレルではないかと考えたとき、それはある「韓国性」の発露ではないのかと思ってみる。同じforbidden cityでも、中国の故宮、紫禁城ではそうなっていないし、フエもです。中国の場合は、建物のエッジには必ず空が見えるようになっているし、空をバックに建築は屹立する。さらに建築の構成としては、建築の内部空間と外部空間も奥行き方向に重層していく。室内と室外がさながら無限に連鎖していくような空間が屹立する建築の背後に展開する。

宗廟の場合はそういう内外空間の重層ではなく、ひとつの建築が門状の空間の向こうに出現するのですが、そのファサードや左右の副次的な空間、あるいは広場の床面の起伏といったところのゆるやかな斜めの方向性、あるいは擁壁などの空間の調停の表現が出現する。建築は古典的に、毅然として建つけれども、ランドスケープや副次的な形態要素がその構成をゆるやかに調停する、これが私の韓国性の理解のひとつとなりました。

中国的に、青い空をバックに屹然と建築が建つというのではなく、その場所の起伏とか自然とかと関係をもちながら建ち、背景には緑の山をひかえさせ、その背後にようやく青空と出会う。それが私自身にとっての韓国の建築のあり方です。

宗廟がforbidden city、紫禁城だったわけですけど、もうひとつ。

英語名で secret garden と呼ばれる場所があります。「昌徳宮」です。中国でも正式の王宮、forbidden city があると、それを補完するプライベートな住空間、secret garden があります。昌徳宮は王妃のプライベートな住まいですが、よけいなことを考えると、桂離宮も英語に訳すと secret garden ということになるのでしょうか。

アプローチであらわれる外部空間、敷地に入ってから時計の逆回転方向に旋回しながらおだやかに上っていくアプローチですが、途中にさまざまな屋外空間や副次的な建物が配置されています。その途中にある韓国の典型的な塀（図7）から学ぶこと。床が水平ではなく、勾配があるときに塀をどういうふうに納めるかというのは、いつも頭の痛い問題です。部分的には水平に連続させつつ、その上下に同じ面を広げることで連続させる。しかも礎石造という構造形式から決まる形態ルールは遵守しながら。これを見ながら、日本建築だったらどうやるのかなぁと考えてみること。

あるいは塀の出隅（図8）。上部のパターンはまわりこむけれど下部は隅石で違う仕上げに切りかえる。さらにその下の礎石は再びまわりこむ、という出隅の関係。頭と基礎はつなげながら本体部分は切りかえるという作法。

最後にめざす建築にたどりつくのですが、そこは韓国の伝統的な住居そのものです。

アプローチから門状の建築を通して見るメインの建築本体の出現の仕方、シンメトリーとその

図8: 昌徳宮の塀の出隅

図7: 昌徳宮の塀

図9: 昌徳宮の垂れ壁がない開口部

図11: 韓国障子

図10: 韓国障子

くずし方。さらに右側に展開する韓国特有の中庭空間＝マダン。

韓国の伝統的な建築の特徴であるそのマダン＝中庭と、マルと呼ばれる半屋外空間があります。それを見たときに思うのは、日本の建築と比較するとスケールがちょっとずつ小さいことです。たとえば天井高や部屋の奥行きの寸法が、自分の身体感覚よりは少しずつ小さい。それが韓国の伝統建築特有のスケール感をもたらしている。じつはそのことが韓国の伝統建築で、私が一番興味をもった部分です。

また、壁であろうが開き戸であろうが、外部に面する開口部であろうが、それらをすべて同じ白い紙で仕上げますから、室内の仕上げとしては床の木材と紙しか、基本的には眼に入りません。ですから結果として空間が密実で、ソリッドな印象をあたえます。

開口部も、なかなかおもしろい。

開口部のすぐ上まで屋根架構がきていて、垂れ壁がない（図9）。日本の伝統建築だったら垂れ壁がつきますが、それがない。この外部と内部の関係は、日本建築のそれとは違ってきます。垂れ壁があって、開口部は四方枠のように額縁をつくるのではなく、開口部の向こうに見える風景と天井架構とが連続して見えるため、日本建築とは違う内外の関係がそこにある。

ここに障子の開口部がスライドか、あるいは折れ戸で、しかも内側に紙を張る仕様で入りますから、日本のものとは似ているようで違う建築が成立している。

後にあらためて実作との関係のなかでいいますが、韓国の障子はすごくおもしろい。とくに内部空間が大事だと思ったとたんに、日本的な障子の桟のパターンの見える紙の張り方よりも、韓国の障子の表裏のあり方のほうが興味深い。光に対する感受性が韓国の障子のほうが高く思える（図10・11）。現代建築の内部空間として再生可能なデザインのヒントをあたえてくれる。なにしろ、外が暗くなれば全体が真っ白い面になり、外から光が当たると組子のパターンが影で出現する。日本の場合はつねに桟のパターンが見えるわけです。

さらにマダン（図12）と呼ばれる中庭もおもしろい。マダンを見ると中国の四合院、それから京都の町家の坪庭（図13）を同時に思い出します。どれも中庭空間ですが、韓国のマダンと呼ばれる中庭空間は母屋とマダンの南の副次的な建物、母屋のために働く従業員の住まいで囲んでいる。ですからマダンは農家では農作物を加工する場所だし、儒教の祭礼のときに使う場所でもある。日本の坪庭や中国の四合院の中庭よりはより形式的な空間ですね。だから機能をもつ外部空間です。

裏側には緑がせまります。これは宗廟と同じだけれども、スケールはよりヒューマンなスケールとなっている。

平面的にはリニアに部屋がつながるというパターンをとるので、部屋は南北の両側に開口がある。片方の開口から内部空間を見て、さらにその向こうの開口、その先にまた庭、という距離感が、建築のスケールが日本建築よりも小さいため、日本の建築よりもずっと近い。だから屋外の自然との関係を考えると、韓国の伝統建築は日本の伝統建築とはまた別の可能性をもっているのではないでしょうか。

ひとつの開口部を見せます（図14）。開口部の外、外部に柱が立っていて、それが開口部の中央にきている景色。こういうのを見たときに、うれしくなります。それは開口部中央に柱をもってくることは何かの意図がなければ、ふつうはないからです。そう思ったとき、この建築をつくった人たち、それが建築家か、大工さんかはわかりませんが、その人たちとコミュニケートできたような気がするのです。何百年か、何十年かの時間を超えて。私たちの仕事が一番楽しいのは、こういう建築をひとつ見て、その建築家や大工さんとコミュニケートできることです。

ソウルにも韓国の伝統住居が残っている街並みがあります。これは三清洞（図15）というエリアで、伝統家屋が残っている地域です。

道路が地勢なりに、起伏なりに曲がります。高いほうを見るとソウル北側の山並みが遠くに見え、見下ろす方向には立ち並ぶ高層ビルという現代都市としてのソウルが見える。ここを歩くと場所によって景色が突然抜けたり、突然曲がったりしながら、道路からの風景が展開する。そんなふうにシークエンスで風景が予想を超えてダイナミックに変わっていくさまがなかなかいい。

図12：マダン

図13：京都の町家の坪庭

図15：三清洞

図14：昌徳宮の開口部

水平と垂直を基本とした建築の構造と、勾配がある道路というランドスケープが出会うときにどうやってつじつまをあわせるのかという視点からみると興味深い例がたくさんある。建築の柱をどういうふうにこの斜面に設置するのか。西洋的には基壇の上に柱という形式が基本ですが、そうではないソリューションが世界中にはたくさんある。歩いていても、いろいろな解決案が散見できる。建物のスケールだけでなく、道路の幅なども日本の建築の9掛けくらいの感じで、そのスケールに心地良さがあります。

最後は田舎の住宅、安東（図16）という場所の住宅です。

ここでもやはりうしろに山があってその前に建築を置くという形式。ここでは手前には畑がありますが、そこを通って住宅にアプローチします。このランドスケープのありようは宗廟と同じ構成ですね。手前にこの場所の地勢を反映した、なんとなくフラットなランドスケープが広がり、そのバックに建築があって、一番うしろを山と緑で受けるという建築の構成は宗廟と同じだと思います。

以上で私の韓国の読解を終えて、そんな場所でどんなことを考えて計画を進めたのか、すこしまとめてみます。

「ナム ジュン パイク美術館」というコンペティションの応募案です（図17・18）。

自分自身が建築家として、それも肉体的に韓国の建築や都市をみるなかで、韓国の場所性や文

図16：安東

図18：ナム ジュン パイク美術館

図17：ナム ジュン パイク美術館

化を自分なりのやり方で理解しようとしてきたと同時に、それを具体的なプロジェクトのなかでとらえなおしてみたいと考えていました。これはナム・ジュン・パイクというビデオアートのアーティストの美術館をソウル郊外につくるというコンペティションでした。韓国の建築にとってはランドスケープとの対応が重要だと理解していましたから、ここではまずそのランドスケープそのものを主題にしたいと考えました。建築をたとえば宗廟のように、ランドスケープのなかに屹立する秩序表現そのものとして考えるのではなく、ランドスケープ、とくに起伏する地盤面がこの敷地の特徴でしたから、むしろそのランドスケープのなかに建築を埋没させること、ランドスケープのなかに建築を消去することを考えました。起伏する地形に合わせて掘られた竪穴住居の床のような平面がある。その上に不整形の屋根が架かることで、地形とおだやかに対応する建築。変形の屋根、さながら地面の上に1枚の布が掛かったような形態。建築とランドスケープとの中間のような形態がソウル郊外のゆるやかに広がる風景のなかではいいのではないか、というのがわれわれの答えでした。場所によっては一部の屋根が抜けていたりして、そこから光が入ってくる。

具体的・現実的な形態としての地形がまずあって、それを抽象化したものとしての等高線がある。さらにそれを抽象化するやり方として、ドットの集合という形をとる。そのドットに対応して屋根を架けると敷地形状に対応する不整形な屋根面が出現するというのが、屋根形状の決定プロセスです。その屋根の不定形な形はランドスケープに対応するような形にする。結果として生まれる内部空間は屋外とも屋内ともいいがたい空間になるわけですが、それが起伏しながらのびていく地形、それもソウル郊外という、都市域とも自然ともいえない場所で現代芸術、それもビデオアートと出会うことになる。

現代芸術と出会うのは、白い壁で囲まれた美術館ではない、そのアートとの出会いのためだけに考えられた場所でこそあるべきだろうと考えた結果です。

もうひとつ、韓国でやったコンペです（図19・20）。

光州にアジア全体を対象とする文化、芸術センターをつくるというものでした。光州というのは、韓国にとっては重要な意味をもつ都市です。光州事件、それは軍による民主化弾圧という事件ですが、じつはほんの最近のこと、それこそ30年くらい前じゃなかったでしょうか。そういう韓国の近代化にとって重要な都市の、これはダウンタウンの中心にアジア・カルチャー・コンプレックスをつくるというコンペです。

こういうときにいつもやることですが、まず鳥瞰で都市を眺めます。ソウルに比べると緑が少ないことに気づく。それに低層の建物がどこまでもつながっていくような、スプロールした都市だというのがわかる。どこか、名古屋の風景を思い出してしまいます。

都市の中央にロータリーがあって、そこに都市外部からの主要街路が導き入れられます。光州事件の歴史にかかわった伝統的な建物がこの場所にあります。敷地に指定された街区は独立した街区であり、そのロータリーや歴史的建物を含んでいること、それとは切れた形で周辺の街区があるという都市構造が読めます。そういうこれまでに成立していた都市構造、それに歴史的な構築物はともに残したいというところからこの提案ははじまりました。都市外部からの交通がこの中央街区に直接つながる構造、その都市構造も変えずに残そうということです。もうひとつ、敷地のなかに光州事件にかかわる建物があるわけですが、それに対する韓国の人々の想いが理解できなかった。本当は忘れたいのか、そのへんはよくわからない。しかし、そういう光州事件にかかわっていた古い建物は保存して、新たにその敷地を読みなおそうというのがわれわれの提案だったのですが、それは外国からのエントランスゆえの気持ちの表現だったかもしれません。

提案した計画ですが、都市外部からの交通動線をロータリーで受けるという都市構造は残すものとし、さらに歴史的建物も点として残します。そうした操作の残余、残った街区の形状そのものの形態を立ちあげ、街区ブロックサイズの建築をつくる。ブロックを建築化するにあたってはその全体を人工のランドスケープ化し、それに軽い屋根を架ける。都市の中央に緑と起伏のあるランドスケープを導入することで、都市に自然を導入する。

これは、ソウルの街を鳥瞰で見たときに印象的だった、都市域に点在する、起伏する小山の自然の存在を光州の街の中心に人工的につくろうと考えたことでもあります。都市内の、小山の自

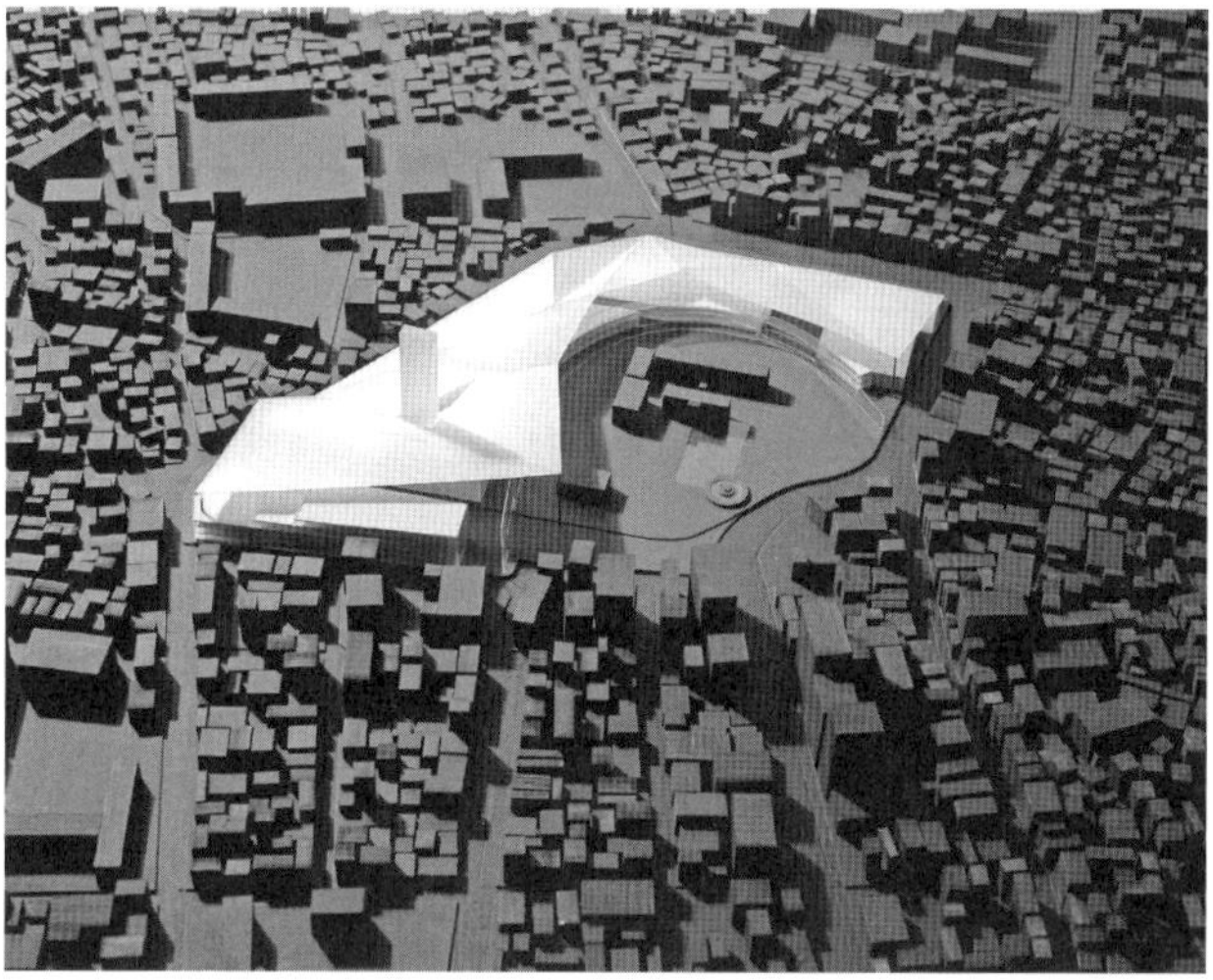

図19：光州アジア文化センター設計競技

図20：光州アジア文化センター設計競技

然のような建築です。

坡州（Paju）という新都市、これはソウルから漢江に沿って車で1時間くらい走った場所、それも河の向こう側には北朝鮮を望む場所に建設されている新都市に建つオフィスビル「Paju SW office」（図21）の計画です。

ソウルからこの場所に向かう途中には金浦空港がありますし、仁川空港へとつながる高速道路も途中から分岐するという、どちらの空港からも近い場所で、しかも漢江沿いで川の向こう側が北朝鮮という場所。そこに新しい都市、それも出版業を中心とした街、Paju Book City という新都市をつくるプロジェクトでした。まずオフィスだけで50棟程度をつくる。ひきつづいて、住宅やコマーシャルコンプレックスが計画されていましたが、2011年現在、もうすでに新しい都市、ソウルの新しい郊外都市が姿を見せています。

この新都市は漢江に面し、同時に山を背景にしています。現代の新都市の計画でさえ、風水の原則が生きているのかな、というのが最初の感想でした。

さらに全体の都市計画をみると、そこに緑のストライプが入ります。そこはグリーンゾーンなのですが、それが山と漢江を結ぶ形になっていました。最初はそれが何を意味するのかわからなかった。のちにそれは北朝鮮からの侵略があったときの対策用の場所だと教えられます。この場

図21: Paju SW office

図22: Paju SW office

図23: Paju SW office

所の近く、韓江沿いを走っていると、突然軍事拠点に出会ってびっくりすると同時に、韓国が正式には北朝鮮と戦闘状態にあること、朝鮮戦争はまだ終了してはいなくて、たんに休戦状態にあるだけということに気づかされます。坡州のグリーンゾーンは、そうした軍事対応のためのオープンエリアでもあるのです。日本が平和な国なのだと気づかされるのはこんなときです。建築と違って、都市計画はその向こうに政治が透けてみえるということでしょうか。

最初に現地を訪れたのは10年近く前、この新都市全体の工事ははじまってはいたものの、どこが敷地か、どこが道路かもわからない状態で、しかも季節は冬の2月、零下20℃の雪のなか、乾燥しているので高速道路でも雪が風で流されていき、スタッドレスタイヤなしでも100km／h以上で走るという、日本では経験したことのない環境と、その体験したことのない寒さにびっくりさせられたことを覚えています。今ではここはすでに完成した街区となり、ビルが立ち並び、近隣には中層や高層住宅も建って、しかも車も路上駐車され、ごくあたりまえの都市の風景になっていますけれども、そんなに早く都市化されてしまうとは、想像もしていなかったというのが、正直なところです。

その何もない現場で、一緒に設計をする韓国の建築家と話をしていて「外装をガラスでやろう」と彼が言うわけです。ガラスは韓国では建築材料としてすごく安いからです。この環境下、零下20℃ですから、それが本当にリアリティがあることなのか疑問だった。でもダブルグレージングとかトリプルグレージング、2重とか3重のガラスにして、こういう環境下だからこそガラスの建築をやろうと彼は言うわけです。たしかにうしろに緑の山をかかえ、遠くに北朝鮮を望む環境ですから、ありえるのかなと思いました。零下20℃の雪の美しい環境のなかでそんな話をしていたので、じゃあ、それでいこうということになったわけです。そんなふうに彼の推薦で決まったガラスの外壁をどうすれば生かせるのか、あらためて途方に暮れるところから設計ははじまりました。

そのときはじめて「昌徳宮（secret garden）」に行くわけです。でも昌徳宮にアイデアを探しに行ったわけではない。その共同する韓国の建築家に伝統的な韓国の建築を案内してもらい、障子のスクリーン、それも同じ建物のなかにぜんぜん違うパターンのペーパースクリーンがいくつもあらわれているのを体験します。しかも季節は冬の2月。昌徳宮のペーパースクリーンを見たとき、それも何種類ものパターンがひとつの空間に使われているのを見たとき、これでいこうと思いました。

そんなわけで、2月の昌徳宮で震えながら決まったのが、外壁のガラスを透明、半透明、それに光の透過度はそのふたつの中間で、しかし装飾的なふうにもみえるストライプのパターンをプリントしたものの3種類をそれぞれの場所の特性に合わせながら外壁に使用する（図22）という方針でした。

もうひとつ、昌徳宮から学んだこと。

韓国は儒教の国です。そのことが建築に決定的な特徴をあたえていて、ひとつの建築の内部空間が男性の空間と女性の空間に分かれています。昌徳宮の白い空間は女性の空間、黒い空間は男性の空間です。それが開口部で唐突に接します。これも日本建築とは違っていて、韓国の住空間の特徴でしょうか。ふたつの機能のことなる空間をグラデーションでつなげるという日本的なつくり方ではなく、むしろ突然切りかわり、デジタル化されたつながり方であること。これもヒントになりました。

計画は建築全体をL字型のブロック構成にし、半階ずつのスプリット・レベルの全体構成とします。入隅部分にまとめた動線は、外壁に面したところに壁を背景に配置したスロープと、その壁の背後、上からスカイライトの光が落ちてくる部分に配置された階段の2種類の動線で、それぞれのスラブが結ばれています。すなわち、スロープで半階上がるときには外に開放された空間で、さらに半階階段で上がろうとすると、そこは閉じて上から光の落ちてくる空間。そのふたつが交互に体験されながら、上階に上がっていきます。L字型のブロック構成としたのは、自分が建物の中にいても、自分がいる建物の中の人の動きが見えること（図23）、ガラスの外壁を採用する以上、外の景色が見えるというだけではない特徴をもたせたかったからです。

それには入隅部分の外部からの見え方が鍵で、人が移動するためのスロープがそこに配置されているのは、同時にその部分が３種類のガラス、透明、半透明、ストライプのプリントされたガラスがそこに使われていることで、外から見える人の動きがデジタル化されること、それがこの建築の外皮にガラスを使った理由のひとつだからです。

建物そのものはもちろんアナログな建物ですが、風景の見え方をデジタル化することはできないか。風景の変化が唐突に見える建築にしたいと思いました。昌徳宮の男の空間と女の空間の出会いがデジタルで唐突であったようにです。

フロストガラス越しにぼんやりとしか見えなかった人影がストライプをプリントしたガラス部分に切りかわると、もう少しはっきり見えてきて、透明ガラス越しの部分にさしかかると、はっきりとした人の全体像が見える。それが平面的にはデジタルに切りかわり、スロープの部分については、人の動きが垂直方向ですから、高さの変化にしたがってアナログに変化する。それが建物のさまざまな場所でいろいろに変化する風景をつくりだし、しかもそれぞれの人たちにとって、お互いの「見て／見られて」の相互関係が生まれないだろうか。

オフィスビルというのはきわめて日常的な空間ですから、何も考えないと、どうしてもべたついた空間になるわけですけれども、人との出会いに何かちょっとした驚きがあるような空間にしたい、そう考えていました。外から見ていると、突然歩いていく人の足だけがあらわれて、次に突然全身が見えて、次にはフロストガラスの陰に消えていく。

韓国の建築家とのコラボレーションでも、いろいろおもしろいことがありました。スロープに沿ってコンクリートの壁があります。この仕上げについての会話です。

彼が「岸さんの思うとおりにやると、妙に日本的に洗練された建物ができてきておもしろくない」と言う。私が「そうだよね」という話をしながら「じゃあ、韓国風のコンクリート仕上げでいこうよ。型枠はわざと安い型枠を使って、荒っぽいコンクリートでやろう」と彼が言うから「それでいこう」ということでやってみた。さらにじつは、こんな薄いコンクリートの壁も韓国でなければできなかった。構造の考え方の違いです。私のほうが心配になって確認したほどでした。

そんなふうにコミュニケーションしながら建築をつくっていくこと、それはそのプロジェクトが国外であれ、国内であれ、同じことでしょう。建築は建築家ひとりでは絶対に実現できませんから。

註1「風水」

風水とは、東アジアに固有の地霊信仰といえるが、J・リクワートが『〈まち〉のイデア』で述べているように、これは古代ローマの都市計画理念にも通じる、いわば人類普遍の世界図式の類例のひとつということもできる。古代ローマの都市は、世界の軸とされる南北のカルドーと、太陽の進路をあらわす東西のデクマヌスとによって4分割され、その中心は「世界」を意味するムンドゥスと呼ばれる竪穴によって地下界の霊力と接触することで、土地の聖化がなされたという（C・ノルベルグ＝シュルツによる）。こうした四方位による場所の秩序づけが風水における四神相応にも符合するように、世界の多くの都市には、共通した理念的構造が見出されるのである。しかし一方で、理念が現実の自然地形に重ねあわせられるとき、それぞれの都市が有する抽象性と具象性、自己完結性と開放性などが、図式を離れた固有性となって顕在化することになる。

註2「ヴァナキュラー」

古典古代や近代はおおむね理性に依拠した時代であるがゆえに、その理性が希求するものが神話的コスモロジーであるか科学的合理性であるかの相違はあるにせよ、古代都市や近代都市は、ともに抽象性の高い、それゆえに論理的な整合性と自己完結性とをもつ構造のもとで建設されることによって、世界の各地に数多く複製されえたということができる。これに反する、都市のもうひとつの生成要因となるのが、ヴァナキュラーな資質である。ヴァナキュラーとはその土地の固有性を意味するが、本文で言及されるソウルの場合では、この地域特有の細かな土地の起伏によって風水の理念がところどころで破綻し、自然なる「他者」（第2章註参照）の顕現する余白がそこここに生みだされている。

ところで若林幹夫によれば、都市とは本来、個々の集団や社会が互いに出会うところ、すなわちそれぞれの領域の境界線上に存在する定住地であったという意味において、いずれの集団や社会にとっても「外部」であることが前提とされていたという（『都市への／からの視線』）。「外部」とは、必ずしも「外側」を意味しない。たとえば都市の内側にある広場は、いかなる者の所有でもないこととしての外部性が担保されることで、「他者」の訪れることのできる余白となりえている。その余白こそが、自然であれ、人間であれ、「他者」を迎え入れ、理念だけではおおいつくすことのできないヴァナキュラーな資質を生成する培地となろう。つまりは、都市の内側に外部性が包含されるという矛盾によって、都市はあらゆる「他者」をアドホックに引きうける開放性を保ち、つねに進化しつづける生命にも似たダイナミズムを獲得するのである。

註3「漢字文化圏」

上述のヴァナキュラーな資質は、都市の生成においてだけでなく、本文で言及される言語文化の受容と展開についても重ねあわせることができる。すなわち、中国で成立した漢字を東アジア文化圏におけるひとつの規範であるとするならば、まずは、それを受容した国々の固有の発音体系のなかでどのように読みくだしていくかという問題が発生する。いわばそれは、表意文字という、グローバルに交換・複製可能な図像的・空間的表象を、どのようにして音声的・時間的表象へと変換し、地域的・時代的にローカライズするかという問題である。わが国でいう訓読みとは、規範としての漢字を、自国の言葉として訓致することにほかならない。ヴァナキュラーとは「方言」という意味をも有するように、話し言葉が書き言葉とは別に有するこうした即地性やアドホック性、身体性であると理解することができる。そしてこうしたヴァナキュラーな訓致が、その地域ごとに固有の文字を生みだすことになる。ハングルや仮名文字など、これらがすべて表音文字である理由はもはやいうまでもない。ただし、それぞれの言語圏が、その後こうした表音文字のみによるローカライズを徹底することになるのか、あるいは表意、表音文字を混在させつつ、しかも規範たる表意文字にすら音訓の両発音を許容するという多重性を付与することになるのか、その差異が両言語圏における文化の色合いを決定づけることになるであろう。このあたりの消息は、東アジアにおける文字文化の特異性を読み解いた、石川九楊による『二重言語国家・日本』などに詳しい。

第4章　場所と文化を読む――東京・京都

Reading Place / Culture [Tokyo / Kyoto]

香港やソウルから学ぶこともたくさんありますが、同時に自分が暮らしている場所についても、考察が必要でしょう。なぜなら建築家にとってはその活動の基盤となる場所は、その建築家のあり方にとって重要な要素のひとつだからです。自分自身がどんな文化を基盤としているかを意識化し、同時にそれを客観視することも同じくらい重要だと思います。ここでは私が活動の基盤としている都市である京都を、仕事で訪れることの多いもうひとつの日本の都市である東京と比較しながら考えてみたいと思います。

都市について考えはじめるとき、建築を学んでいることがほかの人たちに比べて利点となると思うのは、たとえば都市を鳥瞰でみる視点、これを読みとる力があるということだと思います。都市を鳥瞰的にみただけでその情報を平面系と立面系[註1]に分けて理解できたりなど、ほかの人よりずいぶんたくさんの情報を得ることができます。それはたとえば、文学や芸術を勉強している人たちとは違う切り口で都市を読むことができるということでしょう。

たとえば東京。

昔からの緑地が残っていて、さらに首都高速がそこに重なっていて、それに高層ビルがあるかと思えば、その向こうには高さの低いビルがつらなっているという、さまざまに折り重なる都市の風景。新しく開発が進行している場所と古くからの景観が無造作に重ねられていった風景。上空から見ただけで、このあたりは容積率が緩和されて新しい開発が動いているんだなとか、このあたりがむしろ古い時代に開発されたのだなとか、また、電車の路線で都市が分節化されているようすというようなことが読めてきます。

六本木でおもしろいのは、3、4階の中層ビルが並んでいるところにポコッと高層ビルが出現する。建物も、いったいどちらがファサードなのか、どこを向いているのかさっぱりわからないようなデザイン。たとえば京都の鳥瞰と比較すると、京都では建物の姿の全形を見ただけで建物のファサードはどこを向いているのか、道路がどこを通っているのか、インフラがどうなっているのか、というのがわかります。

「六本木ヒルズ」（図1）を空中から見ると、六本木ヒルズと周辺との関係がわかる。首都高速、一般道と建築の関係、都市インフラと巨大開発との関係が読めます。こんな風景がみえてくるのは東京で、京都ではありえません。

主要幹線道路があって、そこに主要幹線とは別の街路が交差して入ってくる。そこから街区のなかのほうに入っていくと、意外に古い都市風景が残っていたり、それに隙間も多いということに気づく。

東京というと巨大都市ですが、注意してほしいのは意外に緑が多いこと。京都と比較しても、もしかすると、街のなかの緑は多いかもしれない。巨大都市だと緑が少ないなどというクリシェ、だれでもいいそうなふつうの定型的な言い方、それが本当だろうかと、発見的に都市をみるのも鳥瞰という見方の特典でしょう。

たとえば北の丸あたりは、天皇陛下のお住まいになっている皇居とそれをとりかこむ内堀。そしてそんな場所を首都高速がかすめていく。天皇陛下のお住まいをかすめていく高速道路。新しいインフラストラクチュアと江戸の重なりあいがみえてきます。

地上から見る都市は、鳥瞰とはぜんぜん違います。

北の丸（図2）。お堀の上を首都高速が通り、それがお堀の水面に突っこんでいく。その向こうに千鳥ヶ淵の桜が見えるという風景。東京という都市にとって、皇居とはどんな場所なのか。それを考えると、京都御所のことを思います。都市生活者にとっての屋外空間、緑あふれるパブリックな都市空間の存在という意味です。

都市のまっただなかに巨大な緑があるというのはなかなかよくて、私個人もときどき思いたったように、京都では植物園に行って半日を過ごしたり、東京ではジョギングする人たちを横目で眺めながら、北の丸公園を散歩したりします。そういう時間、東京や京都という都市で生活していながら、ときには思いもかけず身近にある緑や水の存在に癒されること。日常的な都市生活のなかで、いつもはその存在さえ忘れていたヴォイドな空間とときどき出会いたくなる。東京という都市にとっての皇居、京都にとっての御所は、そういうふうに、都市のヴォイドとして機能し

図1: 六本木ヒルズ

図3: 新橋

図2: 北の丸

図5: 丸の内仲通りのイメージ写真

図4: 汐留

ているのではないか。

京都ではなかなかもちにくいものかもしれませんが、東京の都市でおもしろいのは、ある場所がもっているキャラクター[註2]がひとつだけではないという点だと思います。それはパブリックなインフラ、たとえば電車路線とその駅の成立などと深い関係があると思いますが、東京という都市では同じひとつの場所がふたつのキャラクター、あるいは3つのキャラクターをもっているというのがすごくおもしろい。だれでもよく知っている場所で、たとえば新橋と汐留というのは同じ場所で、山手線を境に西側と東側で都市の性格や名前までが違っている。

新橋側（図3）は東京のサラリーマン、おじさんたちが終電までの時間をすごす憩いの場所ですね。この終電までという時間の区切り方が京都にいるとわかりにくいし、さらに、新橋というと思い出すフレーズ、「ガード下の赤提灯」という都市空間も京都では理解できない。京都は四条河原町にいても、バスか電車がなくなったら歩いて帰ればいいという価値観の場所ですから、終電をのりすごすと家には帰れないという東京的都市観は理解不能でしょう。その終電までのつかのまのときをすごす飲屋街の特有の都市空間。夕方から午前零時くらいまでだけ出現する、時間限定の都市空間。それが新橋の典型的な夜の風景です。

汐留（図4）は逆に、昼間だけの都市でしょう。新橋の赤提灯、そのかなたに高いオフィスビルが見えているというのが典型的に新橋／汐留的な風景です。

新橋駅の東側が汐留ですが、そちらへ行くと絵に描いたような高層ビルのオフィス街、しかもどこかの都市計画の教科書にのっているかのようなペデストリアンデッキが中空に浮かんでいて、車と人間は分離され、公共のパブリックな広場があって、彫刻が置いてあり、水があり、グリーンがありという典型的な新しい都市空間が生成されています。汐留側は朝９時から夕方５時までの空間。それぞれが性格の違う都市空間として、お互いに補完しあっているわけです。一日中、昼も夜もガラス張りの建物の中だけでは人間は暮らせないでしょう。

さらに浜離宮と汐留を考えてみる。高層ビルの風景と都市のヴォイド。緑だけではなく、都市、ここでは江戸以来の東京の歴史が残されているわけで、東京という都市が「現時点」だけの「今日的」なだけの都市ではないという証です。

続いて丸の内ですが、日本で一番都市的な秩序がある場所で、しかも東京で新しくつくられた都市空間として完成度が高いのは、じつは丸の内仲通りではないかと考えています。個別の街区開発だけでなく、あたりまえのストリートファニチュアを含めた都市の現在的な街並みとして、丸の内仲通りはよくできている。やはり東京という街が今何をめざしているか、一番よくわかる場所ではないかと思う。

たとえば丸の内仲通りのイメージ写真（図５）を見ると、とてもおもしろい。人と人の出会いの写真ですが、そこでどんなふうに都市空間が機能しようとしているか、都市イメージをどんなふうにつくりだそうとしているのかが、透けてみえる。この写真がいいたいのは、要するにすてきな街路空間は背景としてあなたのために存在していて、あなたはそこで主役になれます、という物語です。個別の建物のデザインの資質にも増して、ストリート全体のサイン計画であるとか、パブリックファニチュアの計画であるとか、車止めのデザインであるとか、それぞれを単独としてとりあげるよりも、それら全体のコンビネーションが非常に舞台装置的に、演出的につくられている。そういう人為的な演出がなされて、人工的につくられている街区だけれども、それに生理的嫌悪を感じないでのってしまえば、それはきわめて心地良い。それは舞台を観ている、あるいは自分が舞台で演技しているのと同じことです。

切り口を変えます。東京、あるいは「TOKYO」という都市はいったいどんなイメージでとらえられているのか、そのことを考えてみます。

まず、東京で思い出すのは電車、地下鉄の路線図（図6）でしょう。交通インフラを抽象的に記述するダイヤグラムです。このダイヤグラムはみるポイントがたくさんあるのですが、このダイヤグラムが現実の東京の都市構造を眼に見える形にしてくれている点も重要です。これでみえてくる東京の都市構造、それは東京にはふたつの立ち入れない場所、地下鉄さえ通れないヴォイドがふたつある。それはロラン・バルト流にいえば「空虚な中心」ということになるのですが、そのふたつとはいうまでもなく、江戸城ともうひとつは新宿御苑です。東京の交通インフラは、そのふたつを焦点とした2次曲線の集合体になっている。山手線のような周回ルートというのは焦点がふたつある楕円ですね。郊外から入ってきて、再び郊外に抜けていく路線は、これも2次曲線のひとつ、双曲線の形じゃないか。双曲線と楕円という2次曲線のインフラが東京をつくっていて、そこには見えない要素として江戸が隠されている、そんなことが電車路線図で読める。

もうひとつ。「Tokyo Bookmark」というウェブサイト（http://tokyobookmark.jp/）があります。これは東京を訪ねようとする人のためのウェブサイトですから、そこにあるのは、イメージ化された東京の典型的な姿です。ウェブサイトの一番最初のトップページから、どうそのウェブサイトに入っていくか、それは東京という都市にどう入っていくかということと等価に演出されているわけですね。

これは別の例で「TOKYO HEART」という、東京メトロが地下鉄沿線をイメージ展開しているキャンペーンです。これも東京のイメージづくりですけれども、地下鉄ですから対象は東京の住民だと考えていい。そこで表現されているのは、道を1本入ると見たこともない東京でした、というようなキャンペーン。いまだに体験されたことのない東京、新たに発見されるべき東京がそこにはあって、それを発見するために地下鉄はある。東京をどうとらえるかと考えたときに、いつもよく知っている道から1本入るとぜんぜん知らない東京がある、そんな都市だという東京のプレゼンテーション。これは最近の東京の下町発見ブームにつながりますね。

ではひるがえって京都に進みます。

東京の鳥瞰の姿と比較すると、わかりやすい都市の全景です（図7）。あるいは、秩序立っているといっていい。ビルがほとんど同じほうを向いていて、高さもほとんど揃っている。これを見ると、この都市では「ファサード」や「街路景観」というような概念が有効だろうというのは、よくわかります。それからこの写真ではよくわからないけれど、それらすべてが全部周辺の緑で囲まれているという都市の姿。ここには首都高速もないし、既存の街路でさえ、図として立ち並ぶ建物の地として読みとりうるだけです。

では京都、あるいはKyotoのイメージ[註3]とはどんなものか。これはツーリストマップです（図8）。京都に来る旅行者のための、観光客のためのマップですが、東京のイメージ[註4]がその都市を仕事の場として使うための地下鉄のダイヤグラムだとするなら、京都はツーリスト用のガイドマップにみる京都というのがそのカウンターイメージではないでしょうか。この都市では街路は直交していて、そのグリッドの上に、京都という街のアイコンがちりばめられるわけです。そのアイコンとは、基本的にはお寺。しかも、このマップは歩く人のアクティビティを基本として描かれています。公共交通機関や都市インフラは最小限にしか記述されていない。歩いていて何かのお寺に出会ったら、地図でいうとこの場所にいることがわかるというマップの形式。都市の秩序は平

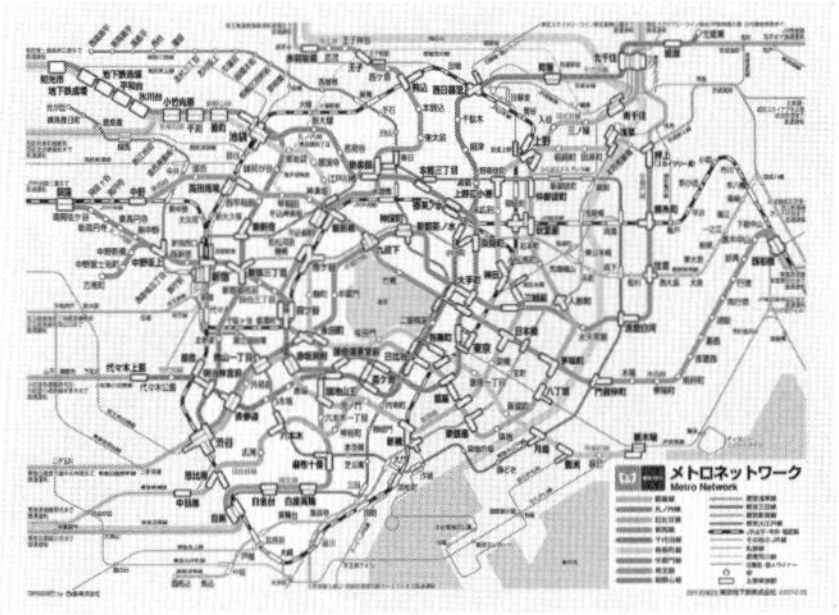

図6: 東京の地下鉄路線図

図7: 京都の鳥瞰

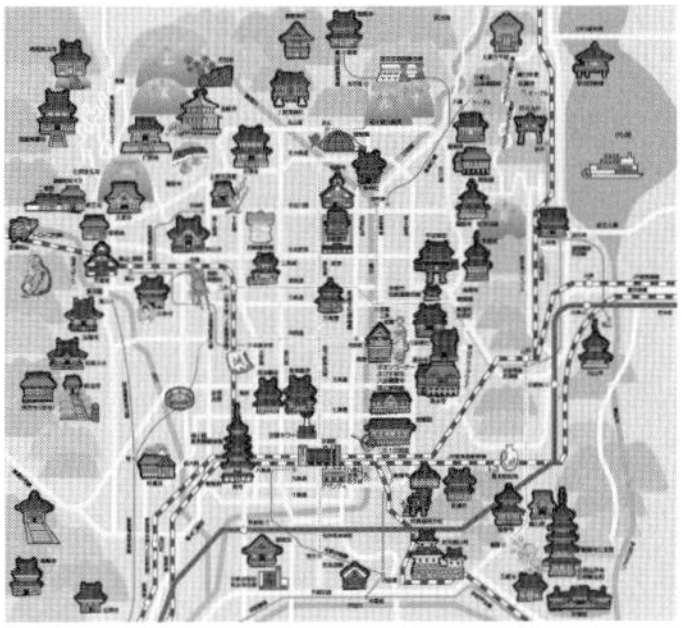

図8: 京都のツーリストマップ

面で展開するという話をニューヨークと香港を例にしましたが、京都の地図も、それに東京の地図をみても、都市の秩序が平面であることがよくわかる。要するにパブリックインフラは、平面的な形でガイドマップを記述するのが一番わかりよいということです。京都ではグリッド状の都市空間がアプリオリに存在し、南のほうに東西に流れるＪＲがあり、そこから都市は北に展開し、アイコンがちりばめられているという都市の秩序、平面的な秩序の姿が読みとれます。もうひとつ、決定的に京都のイメージを固定したのは、ＪＲ東海の「そうだ　京都、行こう。」というキャンペーンでしょう。これは京都の内部にいるとわからないかもしれない。ある年、なんで法然院の紅葉だけにあんなに人が多いのか、京都に住んでいる人にはわからない。それはその年のキャンペーンのポスターが、法然院だったということ。このキャンペーンがどれだけ京都のイメージを決定的に固定したか、それは「そうだ　京都、」のこの「、」ですね。

建築や都市にかかわる者としては、そうやってイメージメイキングされたビジュアル１点のもつ力、それがどれだけ都市のイメージを固定化し、多くの人がそれにしたがって動いているかということは気づいていいたい。

ここからは参考までに、そんなふうに都市を読みとりながら、自分自身の仕事のなかでどう具現化してきたか、それを少し、お見せします。

東京での計画です。まず、「ルナ ディ ミエーレ 表参道ビル」（図9・10）という、青山通りに面した極小の建物で、青山通りの表参道交差点から少しだけ東、そこに表が青山通り、裏も道路に面する2面道路の敷地面積が6坪という、極小の敷地に設計したもの。これはジュエリーショップのビルでしたが、その設計以前に、なんでこんなに間口はあるけれど奥行きがないという小さな敷地が存在するのか、そのことに興味をもちました。この敷地だけでなく、いくつか同じような形の敷地が並んでいますから、まずこの敷地の成立を調べたわけです。

それは東京オリンピックのときのこの青山通りの拡幅の結果、生まれた敷地だということがわかった。もともとはもっと奥に長い敷地だったのが、青山通りの拡幅で削られ、それでこんな敷地群ができた。したがって裏の通りは古いままで残り、前面道路は青山通りという、こんな敷地が残った。そんな歴史をもつ場所、面積でいうと極小の6坪、20 m^2くらいの敷地にジュエリーショップを設計したわけです。

青山通り、それも表参道周辺は、それぞれの商業ビルが、隣よりいかに目立つかを競っているような、そんな都市景観の場所です。私自身は、そんな場所で、この建物に目立ってほしいという気はほとんどなかった。都市の建築として、つつましやかに都市のなかに建っていてほしいと思っていて、英語でいうとunderstatementという単語がありますが、そんな建物でありたいと思っていました。次に考えたのは、建築ではなくて看板のような建物でいいのではないか、ということでした。じつはこのガラスのファサードの下にステンレスメッシュが重ねられ、さらにその中にあらためて「窓」がある。そのレイヤーの中には、LEDが組みこまれていて、そのLEDの色が時間に応じて変わります。ここでは、都市の物語のきっかけになるような建築をつくりたいなと思ったんです。たとえばこんな物語を想像していた。表参道の交差点からちょっと東に行ったところにある小さいガラスのビル、赤い建物の前で19時に会おうと約束する。だけどこのLEDはタイマーで時間によって色が変わるように設定してあるから、赤いときばかりじゃなくてグリーンのときもあるし、ブルーのときもある。だから、赤い建物の前で19時ね、と言って遅れて行ったら赤い建物はない。それで、恋人同士にちょっとした事件がおきる。そんな本当にちょっとしたできごとのきっかけをあたえるのが都市の建物ではないだろうか、そう考えていました。前へ、前へ、と主張してくる建物を設計するのは自分の柄じゃないなと考えながら設計した建物です。

この建築は構造が上下2種類に分かれていて、3階から下がコンクリートの壁構造で、それより上が鉄板構造です。ほとんど階段室だけのような建築ですが、最上階にはプレスルームがあり、ここは構造的に許されるだけの天井高をとった部屋となっています。平面的に限定された建築では、どこかで論理的には説明不可能な、理不尽な部分がないと、人間の気持ちはその狭さに耐えられないという日本橋の家の経験から学んだものです。

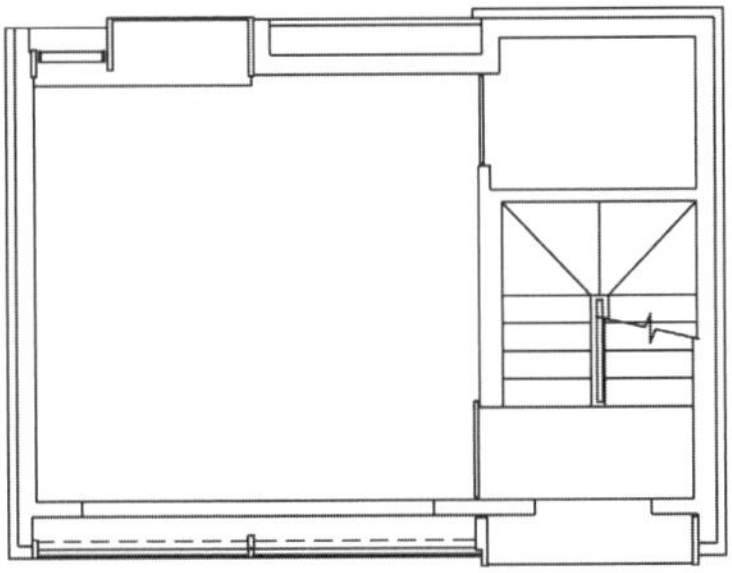

図10：ルナ ディミエーレ
表参道ビル 平面図

図9：ルナ ディミエーレ
表参道ビル

図11：清澄の家

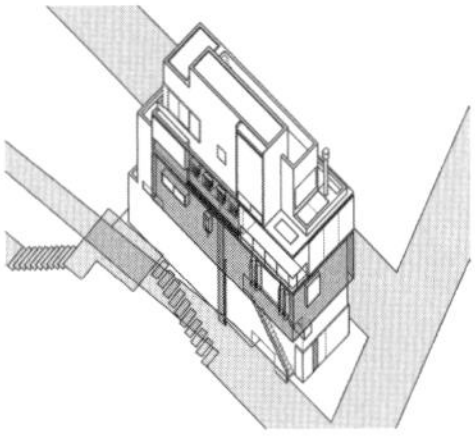

図13：清澄の家アクソメ

図12：清澄の家配置図

平面的な秩序は守らなければいけないけれど、高さだけは自由に許されるファクターです。だから高さをとるのが、都市の建築に許される自由、言い換えると都市の欲望の発露ということですね。

それとはまったくことなった場所での仕事、しかし東京でしかありえないような与件で設計したプロジェクトが「清澄の家」（図11・12・13）です。清澄という東京の下町エリアに設計した住宅コンプレックスなのですが、住宅という呼び名は正確ではありません。川がふたつ合流する護岸の内側に建つ建物ですが、これは本当に現在、東京だけでしか現実味をもたないような与件、プログラムで建てられた建物です。現状は地下が機械式の駐車スペース、それに地下1階から2階までがレンタブルの住戸ユニット、3階から上、6階までが住居というプログラム、現在はそのような形になっているのですが、じつはそれはこの建物の仮の姿でしかない。

ここで求められたのはどういう解決だったのかといえば、まず、現在の法規の許すかぎり最大の床面積と空間ボリュームを確保すること。今はたまたま住宅ですが、それは将来的にどうなるかわからない。オフィスになるかもしれないし、場所が場所なので作家のアトリエになるかもしれない。だから、この建築の将来の機能はわからない。どの時代、どんな機能であっても、それは建築にとっては仮設的な機能、そのときだけのありようにすぎないような建築、将来の機能的な変化に対応しうるインフラとしての建築を構想すること。そういうときに一番問題なのは何かというと設備系です。経年変化が一番早いのが設備系ですから、給排水の配管、電気のシステム、空調のシステム、そのあたりが10年もたつと更新しないといけない。どうしたかというと、基本的にはドミノ・システムの構造体があって、設備関係は全部外壁の外についている形式。外壁の外についているので、設備関係は簡単に更新できる。エアコンの室外機などは外気が必要なので、ウッドルーバーを外側にまわすダブルスキンの形式になっています。

この建物は最近、私が住宅について考えていることの最良の具体例ともいえます。最近では、住宅が一番似ている建築は「倉庫」ではないかというのが持論です。住宅は住まい方によって、自由に変更できればいい、建築家はその内部空間と外部、都市空間とのインターフェイスだけをデザインすればいいのではないか。内部空間や平面計画、それに機能は暫定的なものだと考える。外部とのインターフェイスだけ考えればいいという建築を住宅だとすれば、それは倉庫の設計と同じではないか。極論ではありますが、ビルディングタイプという考え方が破産した現在、誠実なのはその内部、外部のインターフェイスをきちんと設定することではないでしょうか。そういう意味では倉庫という建築が外壁の機能だけで成立しているのと同じです。住宅は内外のインターフェイスの微妙な調整が必要だけれど、倉庫は内部を守るために閉じるだけという違いだけですね。

住宅をもうひとつあげておきます。これは「文京の家」（図14・15・16）という住宅で、これまで住んでいた広い土地に2世帯の住宅を建てるというもの。文京区のまっただなか。そこに緑や樹木の残る70坪くらいの広い敷地。そこに私が提案したのは平屋の建築でした。

敷地の裏側には銀行の研修寮があり、そこにも古い庭園が残っている。この敷地に建っていた古い住宅の庭もその隣の庭園につながっていた。だから敷地内部の緑の樹木はそのままに残して、さらにその隣の庭の樹木と緑を借景しながら、こちらの敷地の中庭の拡張という形で引きいれる。そして、その中庭を挟んで、お母さん側のユニットと若夫婦側のユニットが向かいあう。昔からよく知っている庭を見ながら、同時に斜め方向にそれぞれのユニットが向かいあうことで、それぞれのプライバシーを守る。

ふつうの設計者はこんな条件下でどういう提案をするのかというと、南側を全部新しく庭園化して、北側に3階建てか4階建てのものを提案して、お母さんと若夫婦は上下で暮らしましょうというものでしょう。さらに、お金に困ったら庭園の部分を切り売りしましょう、その時点でローンは返せるから建物は成立します、というような提案です。それもひとつの誠意の表現でしょう。でも私たちが提案したのはそうではない。むしろ敷地を全部使いませんかという提案。今あたえられた環境のなかでお母さんと自分たちが本当に楽しい生活をするという解決もあるでしょう、

図14：文京の家

図15：文京の家中庭

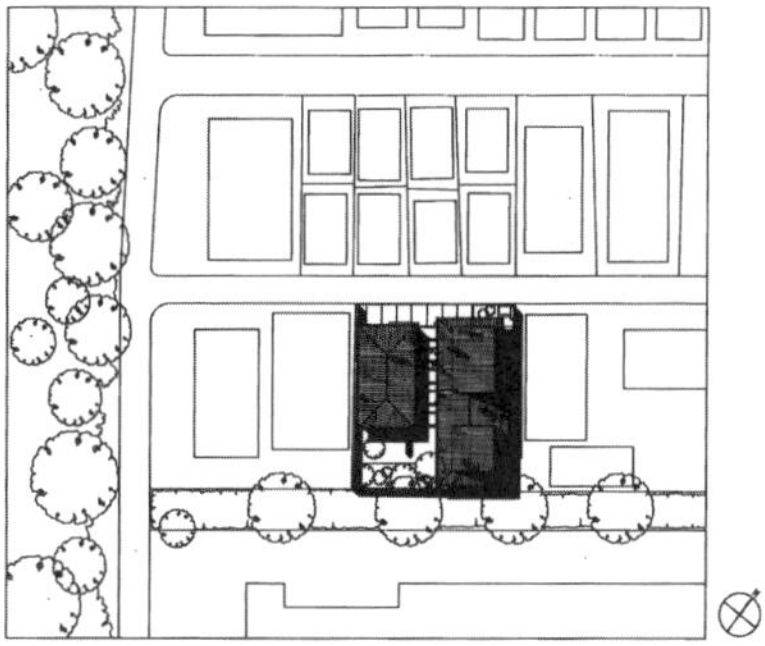

図16：文京の家配置図

しかもそのためにはコンクリートではなく、木造の低層、平屋でやりませんかという提案でした。

ここからは、京都のプロジェクトをとりあげますが、これまでの東京でのプロジェクトとはまるでことなった視点からアプローチしていることの検証だと考えてください。あたえられた場所のもつ文化的・地勢的文脈の差異によって、同じ日本のなかのプロジェクトでも、ずいぶん違うことがわかると思います。

最初は道路をへだてて大徳寺の東側に建つ、和食のレストラン「紫野和久傳」（図17・18・19）です。

もう15年以上前のプロジェクトですが、現代的な空間でありながら、同時に日本的な空間でもあることという主題、現在までずっと引きずることになる主題とはじめて出会ったプロジェクトでした。

近代主義、モダンデザインを自分自身の立ち位置として考えていましたし、ポストモダンの波をくぐった後でさえ「ようやく生き残った＝Die Hard」モダニズムを自称さえしていました。ここではじめて「近代的＝Modern」であることと「今日的＝Contemporary」であることとの差異を考えはじめます。すなわち、「CONTEMPORARY and HISTORICAL」という問題構成、今日的でありながら歴史的でもあるという、そんなあり方が可能ではないか、という試行の最初のものがこのプロジェクトでした。

西側には道路を挟んで大徳寺、単独の寺というよりはいくつかの塔頭の集合体、temple complexとでもいえる大徳寺の境内が広がります。南側の通りは北大路という交通量の多い主要幹線道路。東側には少し離れて大宮通りがあり、いわゆる下町風の商店街が広がります。大宮の商店街の下町の雰囲気と宗教空間、聖なる空間である大徳寺の境内に挟まれた敷地、その約20坪の敷地に、和食、持ち帰りのお弁当の販売と、カウンターでは10人程度は食事ができるという、こぢんまりした和食店のプロジェクトでした。

交通量の多い北大路側にはアプローチをとらず、大徳寺へのアプローチ道路である西側の道路から北側の小さな中庭を通り、そこからまわりこむように店内に入ります。

地上階はレセプションとお弁当の販売、2階には10席のカウンターがあり食事ができる空間、3階は厨房で、リフトが1階、2階をつないでいます。

南北断面では中庭と内部空間との関係、東西断面、大徳寺までを含んだものでは、この建築の内部空間と大徳寺に残る自然、とくに緑との関係がわかります。

この大徳寺の自然とどう向きあうかという視点から、2階の大徳寺に面する開口部には、水平のウッドルーバーを重ねています。それは大徳寺の緑の風景を借景すると同時に、西側道路が大徳寺の駐車場に入る導入道路になるので、ひんぱんにバスや自家用車が通ります。そんな自動車の屋根を見ても仕方がないので、視線を水平方向に、大徳寺方向に誘導するために水平のウッドルーバーを採用したわけです。

もうひとつの大徳寺の自然とこの小さな建築との関係のとり方。それは階段の途中にある小さな開口部からしか確認できないことなのですが、中庭に緑を配置することで、大徳寺の緑を「お迎えする」という考え方です。お迎えするという感じがわかってもらえるかどうかわからないけれども、借景は向こうに広がる風景を切りとるわけですが、ここでやろうとしたのはこちらに大徳寺側の緑と同種の緑を採用し、大徳寺側と同じような日本庭園とする、それも極小の庭園を設けることで、大徳寺の広大な自然と緑をこちらにお迎えする、あるいは引きうけるということを考えてみたわけです。極小の庭園を広大な大徳寺の一部だと想定してしまうこと。

建築全体は、きわめてヨーロッパ的な構成になっています。さながら、ルネサンスの建築と同じような構成。建築的秩序という観点からいうと、1階は概念的には地階です。したがって、この建築の1階はルスティカ仕上げ、すなわち壁と床は土の仕上げ、壁は左官仕上げで床は土の叩き仕上げとし、自然光も可能なかぎり限定しました。土で仕上げた空間は地階のメタファーということになります。そうすると、2階がピアノ・ノービレ、すなわち主階になり、それから上のほうは屋根、あるいはそれの変形という形式です。ですから、3階は階数として、立面には表現されていません。

図17：紫野和久傳

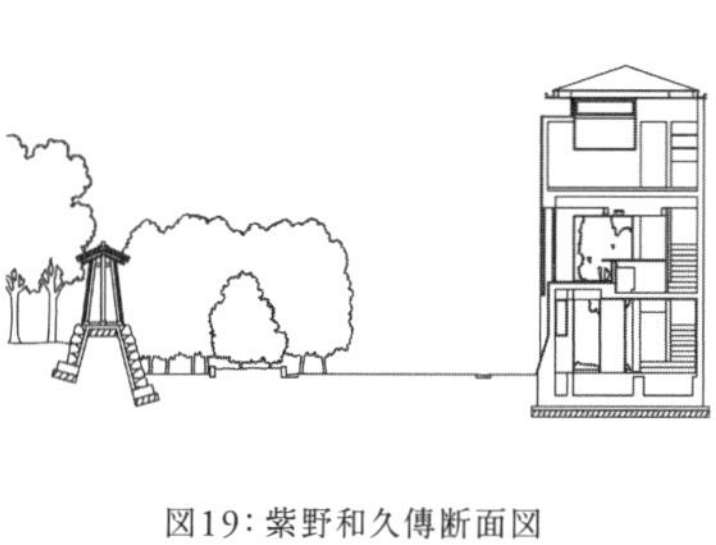

図19：紫野和久傳断面図

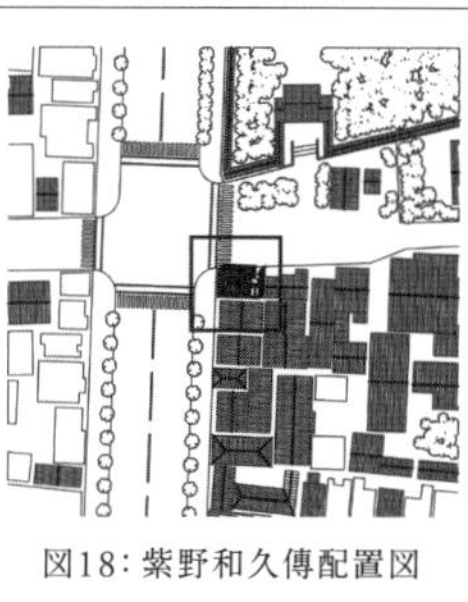

図18：紫野和久傳配置図

2階の内部空間では床は概念的には地上面ということになりますから、土っぽい仕上げを探しました。結果として床は楽焼きのタイルとし、空間の上部ほど軽い素材としたいと考えて、天井は紙張り仕上げとしました。しかし、そんなにルールどおりやっても、建築はおもしろくない。最後に天井面の上がっている部分、ここは左官仕上げのパネル天井としました。

それは「土」というもっとも重く、素材感のある仕上げに、それをパネル化して吊りこむという現代的な構法を採用すること、もっとも重く、しかも伝統的な素材を、それとはもっとも遠いところにある構法、工場でパネルを製作し、それを現場では吊りこむだけという現代的で軽快な構法、プレファブリケーションを採用することで、矛盾した表現としたかったのです。軽いのか、重いのか、どちらでもあるような、天井面の表現。どうやって伝統的な仕上げ、素材を生かそうか、それも現代の建築のなかに生かしたいと考えた結果の解答でしたが、七転八倒しながら考えた、この伝統的な素材をプレファブ構法で生かすという考え方、それがじつは、伝統的な数寄屋ではあたりまえの構法であることをそのときに知りました。小間の茶室などは工場内で一度仮組みし、確認後に現場に搬入、その後に左官作業が入ること、そんな日本の伝統建築の専門家であれば、常識であるようなことをひとつずつ学んでいったのです。教科書からではなく自分の仕事、それも伝統建築の設計ではなく、現代建築の設計のプロセスのなかで学んでいったのでした。

図20：かづらせい·寺町内観

図21：かづらせい·寺町

図23：かづらせい·寺町中庭

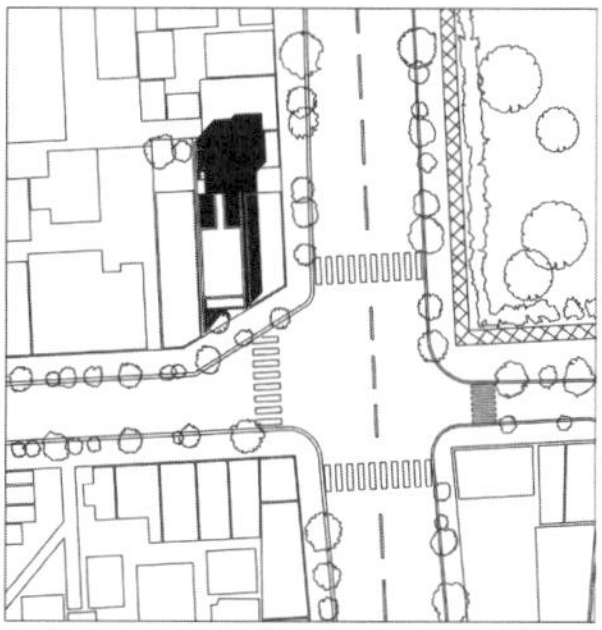

図22：かづらせい·寺町配置図

今度は京都御所の斜め向かい、丸太町通という主要幹線道路と寺町通という通りとの交差点に建つギャラリー「かづらせい・寺町」（図20・21・22・23）のプロジェクトです。この頃から意識的に、伝統的な日本建築を現在的な視点からとらえなおす作業をやるようになってきました。

ここでは京都の町家に典型的な坪庭の空間、もう少し一般化すると中庭の空間を主題としようと決めました。では、京都の坪庭とはいったいなんなのか。たとえば、イスラム圏の中庭空間と違って、京都の坪庭には、緑、水、石などの自然の要素と、それに手水鉢や踏み石など、人間のアクティビティの残照までが用意されます。それは、ひとつの「世界」ではないか、あるいは「世界」のメタファーといってもいい。イスラムのヴォイドと幾何学的秩序だけが支配する中庭とは対極の空間ではないだろうか、そんなふうに思いいたります。

ここでやろうとしたのは、ふたつの「中庭」をつくることでした。ひとつは図面上でも中庭として確認可能な「中庭」、水と石、それに樹木と人間のための木の床までが設えられた「中庭」です。それと対称の位置、中庭の逆側、2階へと上がる階段部分を、かくされた「中庭」として考えていました。ここは階段上部にスカイライトをもつ「内部空間」ですが、正面から長手方向に奥を見たとき、左側にリアルな中庭をもち、右側に「内部化」された外部空間のような階段が見えること。右側の階段部に、左側に見える現実の中庭と同じような光がスカイライトから落ちることで、右と左の空間が結果として、同一化しないだろうかという試みです。

最後に住宅です。「標準住宅2004」（図24・25・26・27）。これも京都、あるいは関西でしかありえないようなプロジェクトだと思いますが、いわゆる木造の建て売り住宅です。

建て売り業者が連続する3軒をいわゆる「建て売り」ではなく「売り建て」という形式で分譲していて、それを1軒買いたいのだけれど、その設計をやってほしいという依頼がありました。本来は建て売り業者の設計施工の物件ですが、問い合わせてみたら、設計してもらってもかまわないという。ですから、施工はその建て売り業者です。3軒のうちの1軒だけ、設計を私がやるということになった、きわめて変則的なプロジェクトです。ここでやろうとしたのは、京都によくある敷地、間口が2間くらいで、奥行きが8間、9間、敷地面積が30坪弱くらいという典型的な京都の住宅敷地、そういう敷地に木造の在来ではない工法で何か新しい標準になるような工法を考えたい、そういう典型的な京都の住宅地のためのプロトタイプとしての住宅、および工法を提案したいと思ってやったプロジェクトでした。

平面図にあるように、奥に中庭をもつL字型平面で、中央に半階ずつ進む階段を配置し、スプリット・レベルの断面をもつ構成です。こういう構造形式だと年月をへて改築となっても、あるいはこの案とはぜんぜん違う平面計画でも、間口が狭くて奥行きのある敷地という京都に特有な敷地条件下で可能な形式だろう、汎用性のある平面・断面形式だろうと考えました。構造は構造の先生とともに開発したもので、木造に少しだけスチールのブレースが入りますが、そのことによって開口部のデザインの可能性と自由度が圧倒的に在来工法よりも増大します。

2階のリビング・ダイニングの開口部には、鉄筋のブレースが構造として入っています。構造的にスチールの補助を得ると、在来の木造ではないスケールの空間と開口部のあり方が実現できる。長辺方向ばかりに壁面があって、短辺方向を全部抜きたくなるというのが、こうした関西に共通する敷地形状に建築を設計するときの通例ですが、そうすると在来工法では短辺方向が構造的にむずかしくなる。そこをスチールを補助部材として採用することで、ぜんぜん違う可能性がみえてくるのではないかということです。

東京という場所で可能なこと。そこには京都ではまるでありえないとしか思えない与件もある。逆に京都のプロジェクトは東京とはまた違う次元で提案できて、たとえばこの住宅のように、たった1軒の住宅を依頼されただけなのに、そのかなたに新しい木造の構造形式を模索したりする。あるいは伝統的な空間を現代的な文脈のなかでどう生かすか、ということをレストランのプロジェクトで考えたり、そのことがたんに付加的な提案ではなく、プロジェクトの要として提案できたりもする。逆に東京の場合はさまざまな与件をさながらゲームのルールのように考えて、それをすり抜けていくことによって何か新しいソリューションが生まれ、それが思いもかけない答えになるということがあるのではないかと思いながらやっています。設計をはじめる際のそうした

図25: 標準住宅2004

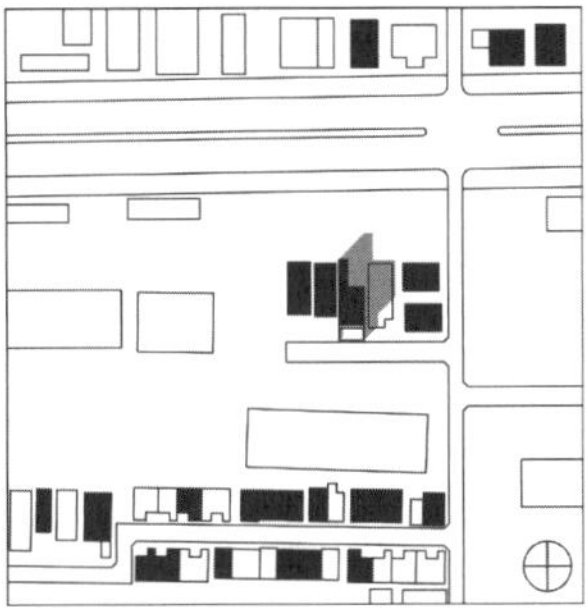

図24: 標準住宅2004配置図

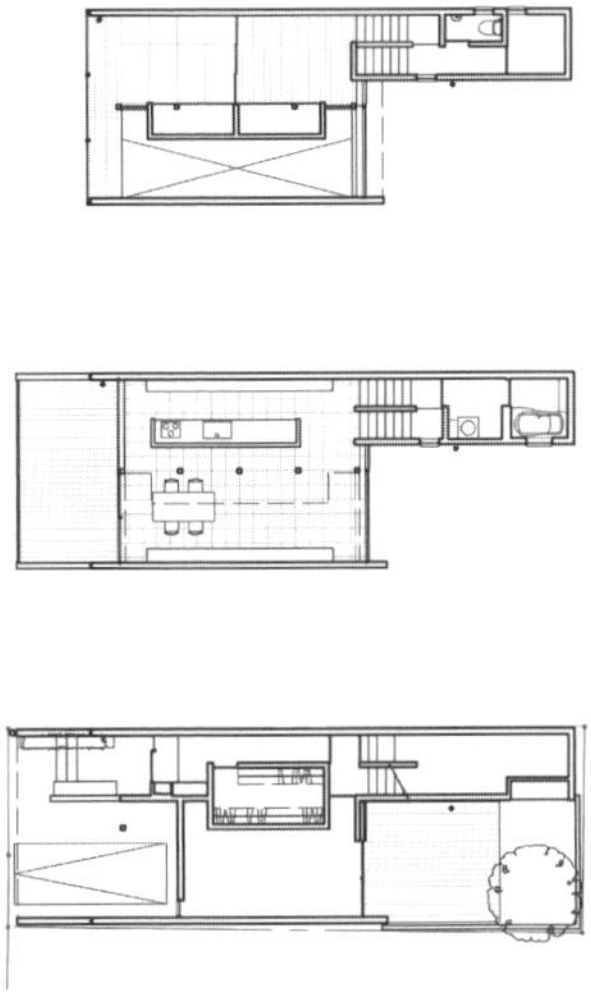

図27: 標準住宅2004平面図

図26: 標準住宅2004

違い、それは私自身の東京という街と京都という街の読みとりの違いがもたらした結果ですが、最初にいったように、それは一般的な正解としての都市の解釈や概説ではありません。それは読みとる人によってまるで違うはず。それが設計と同じでおもしろいところだと思います。それぞれの人が自分の東京、自分の京都、自分の中国を発見してほしい、と思うのです。

註1「平面系と立面系」

建築家は、ときとして現実には不可能な視点を想定し、そこから建物や都市をみてとろうとする。たとえば建築図面としてあまりにもありふれた平面図や立面図ですら、前者は日常的な内部空間の経験とはかけはなれた上空飛行的な視点、後者は建物に無限遠から正対するという視点から、それぞれ描かれたものである。

第1章でみたような、実体としての素材と、理念としての秩序を往還しつつ、両者を形ある作品へと仮設的に調停していくという建築家の営為は、このような複眼的な視点によって可能となるといえる。虫の目、鳥の目とはよくいわれる比喩であるが、建築家はもはや虫や鳥であることをはるかに超え、いつでもなく、どこでもない世界の風景にまで視界を開く。かつてジョン・ソーンは自らの作品をはるか未来にまで先まわりするように、それが廃墟となるさまを思い描いたし(ジョセフ・マイケル・ガンディに依頼されたイングランド銀行のドローイング、1830)、イサム・ノグチは自らの作品を宇宙空間から俯瞰するような構想を遺している(Sculpture to be Seen from Mars 1947)。自らの視点を空間・時間的にどこまで極大化・極小化することができるか、建築家はつねにその射程の境界に挑みつづけている。

註2「場所がもっているキャラクター」

第3章の註でみたとおり、都市とはその起源において、個々のどの集団や社会にとっても「外部」として成立したといえる。「外部」であるかぎり、都市に暮らすわれわれはそこにいながらにして、つねに都市なる「外部」へと「出向いて」いることになる。このようにして文字どおり「街へ出る」とき、われわれもまたわれわれ自身であることから抜けだし、都市におけるなんらかの役割を意識的であれ、無意識的であれ、引きうけている。それは必ずしも年齢や性別、職業という属性として固定化されたものだけでなく、通行人、だれかの記憶を蘇らせるシルエット、流行の担い手、思いがけぬできごとの目撃者などのように、たまたまそのとき、そこに居合わせた状況のなかで割りあてられ、選びとられていくものもあるだろう。むしろ、こうした状況的な仮構性こそが都市の魅力であり、そのことを感じとるためにわれわれはときに自らの属性にまったく無縁の、あるなんらかのキャラクターを故意に演じることさえある。

このように都市が「外部」であることによって、そこに集う人々がもともと属していた固定的な枠組みが無効化されることと、都市それ自体が本来期待されていた機能までもが無効化されることとは、相似的に重なりあう。本文で言及される新橋/汐留の姿とは、リジッドな都市機能として計画されたものではなく、むしろそのほころびに浮かびあがり、そこに居合わせた人々によって選びとられたキャラクターである。あるいはかつての家電量販店街・秋葉原が、今では別のキャラクターを示す代名詞・アキバへと変容するように、それは機能よりも偶発的、多重的であり、場合によっては短命であるが、むしろそれゆえに、人々の都市的生活の仮構性をより加速させる要因ともなる。今やテレビニュースの街頭インタビューが、期待される返答に応じて取材地が選ばれているとともに、そして取材を受ける側の「市井の人々」もまた、その期待に寸分たがわぬ返答をよどみなく行えるように、である。

註3「京都のイメージ」

都市に暮らす人々にせよ、都市そのものにせよ、上述のようなキャラクターが成立する背景にあるのが、本文で言及されるような「舞台装置」や「演出」という仮構性を担保する、共犯者の存在である。共犯者とは、ときにその仮構性を一気に瓦解させてしまう告発者でもありうることによって、主犯者たちがつくりあげる都市の相貌を裏面から操る力をもつ。舞台でいえば、共演者、観者、そして第三の立場としての傍観者など、それぞれに固有の共犯性が見出される境界面ごとに、その都市のさまざまな相貌があらわれるということができる。

たとえば京都が、本文でいわれるような広告のキャッチ・コピーで「そうだ 京都、」と想い出されるとき、京都とその共犯者、つまり想い出す者と想い出される者とを分け、つなぐ境界面が、その台詞に挿入された「、」なるへだたりである。想い出されるのは必ずしも個人的な記憶でなくともよい。日本の歴史として、あるいは奇しくもこの広告主体がその名に負う旧街道=東海道の終点として、旧都が想起されるときに浮上する共犯者とは、歴史的、地理的にへだたった対極性を引きうける者としての新都、街道の始点たる東京である。このとき京都は東京、あるいは東京化する日本へと向けたひとつの相貌を引きうける。それゆえ、京都の伝統的な家屋を改修した「京都風」有名店舗のいくつかは、東京資本によるグループ店舗であるにもかかわらず、それらの店舗同士互いの共謀を認めあうことなく無関係な装いで、よそ行きの顔をしつづけるのである。

註4「東京のイメージ」

京都が上述のような相貌を引きうける一方で、東京が「トーキョー」、あるいは「TOKYO」として引きうける相貌とはどのようなものか、あるいはそうした相貌のもとで向きあう共犯者とはだれか。その境界面は、もはや漢字という表意文字ではなく、表音文字での表記のみが有効となる地点に見出すことができる。

ソフィア・コッポラによる映画『ロスト・イン・トランスレーション』(2003)とは、そうした境界面上で見出された東京の克明なポートレイトである。あるいはアレハンドロ・ゴンザレス・イニャリトゥの映画『バベル』(2006)には、「TOKYO」という響きに象徴されるような、意味など汲みとることのできない声が横溢する都市のよそよそしさと、その声すら聞きとることのできない沈黙に閉ざされてもなお都市との接触をはかなく求める者たちの視点が、痛切に描かれている。もはや東京が垣間見せる「TOKYO」は、日本人にとっても、だれにとっても、どこでもない異国である。それゆえにまた、「道を1本入ると見たことのない東京でした」という切り口に、「東京」の相貌がまるで「TOKYO」から逆輸入されたかのような新鮮さと健全さを伴って、映しだされることにもなるのである。

第5章　中庭・屋上庭園——都市に棲む

Courtyard / Roof-garden

これまでの議論でもときに表に出てきたり、ときに陰に隠れていたりする、しかしつねに考えるべき主題のひとつとしてあるのが「都市」です。都市と人間との関係、都市居住をどう考えていくかという点について考えてみたいと思います。その際、ふたつの概念を鍵にして考えたいと思います。それは中庭（courtyard）と屋上庭園（roof-garden）[註1]というふたつの概念ですが、それが現代の都市について考えるときには有効なのではないかと考えているのです。

中庭、コートヤード、坪庭、それをどういう名前で呼んでもいいですが、都市居住の形式、それも密集した都市の内部に人間が居住するときに必ず必要になる自然とのインターフェイスのとり方、光や風、空、それに都市空間そのものとの関係のとり方のひとつとしての「中庭」という建築によってとり囲まれた外部空間の形式は世界中に、それもポンペイの昔からあります。

たとえば京都、町家の坪庭。町屋の中庭には世界のすべてがある。そこには世界に存在するもののすべて、緑、水、地面や岩といった自然、さらに踏み石があって、それは人間の存在の痕跡。そこにあるのは自然と人間、すなわち世界に存在するもののすべての模像、擬態としての中庭、世界のミニアチュールとしての中庭です。私たちはふつうに、中庭とはそんなものだと思っているきらいがありますが、世界中で中庭空間をみてみると、それだけではないことに気づく。むしろ世界のミニアチュールとしての中庭、これは日本の伝統的な中庭に特徴的なことではないかと思うにいたります。しかし、そんな個別的な中庭空間の性格づけにかかわらず、中庭は都市居住の鍵の空間として、世界中に、それも昔から存在している。

　そう思ったときに、では都市とはなんだろうと考える。第1章で、ニューヨークを題材として、秩序は水平に展開し、欲望は垂直に展開するといいました。そういう都市の中庭。たとえば「ニューヨーク近代美術館」の中庭（図1）。本来的には、京都の坪庭のように外部に完全に閉じ、空にのみ開くというのが、中庭の基本的なありようだと思いますが、ここはそうではない。3方向は閉ざされているものの、うしろの通り側は低い塀越しに開放的に扱われている。通り北側の建物のファサードが塀と道路越しに、中庭をとり囲む4番目の壁面として機能している。都市インフラである街路越しの向かいのビルのファサードが中庭の第4の壁面になるということは、中庭から視覚的には見えないものの、都市インフラとしての街路までが中庭の距離感を確保するために利用されていること、それにプライバシーの確保という観点からすると、この中庭の一部はニューヨーク近代美術館とは関係ないビルのファサードが構成していることになり、結果として、完全に閉じた中庭とは少々ことなった様相をもった中庭になっています。都市に閉じた外部空間にいる心地良さではなく、中庭ではあるものの、周辺の建物を含めてお互いに視線をやりとりする関係、「見て、同時に見られて」という演劇的な関係が成立していて、単純に閉じただけの中庭ではない、矛盾に満ちた言い方でいうと、都市に開いた中庭という新しい中庭の形、しいていうなら近代の都市空間における中庭の新しい可能性をみせてくれています。もちろんニューヨークにも都市から完全に閉じた中庭もありますが、都市があのように高密度化すると、中庭という形式でさえ、プライバシーを確保しきれなくなる。閉じきれなくなったときに中庭という空間をどう展開するか、という可能性のひとつです。3方向閉じておいて、外部からの視線を受ける残りの1方向は、街路との関係を壁で制御するというやり方もあるな、と思うわけです。

典型的なイタリアの地方都市で、ボローニャの近く、レッジョ・エミリアという街です（図2）。どこの都市でも同じように道路はパブリックな場所で、敷地はプライベートな場所です。この場所では敷地にはそれと同じ大きさ、平面形のブロックが立ちあがる。そうしてできあがったブロックの道路に面した立面が「ファサード」と呼ばれる重要な立面になる。そういうファサードでパブリックな領域である道路に面するわけですから、ファサードがパブリック／プライベートのインターフェイスの役割を担います。都市に向けたオフィシャルな顔といっていい。そこから奥に入っていくと、中庭がある（図3）。その中庭に向けた立面はオフィシャルな立面であるファサードとはことなった扱いになります。ファサードとことなり、プライベートな領域である中庭に面するわけですから。これがヨーロッパの歴史都市における基本的なファサードと中庭との関係でしょう。オフィシャルな顔、ファサードからは、中庭はほのかに雰囲気を感じとることができるだけです。

スペイン、アンダルシアの住宅です（図4）。イスラムの影響下の中庭空間。この中庭は抽象的

図1：ニューヨーク近代美術館の中庭

図2：レッジョ・エミリアの街並み

図3：レッジョ・エミリアの中庭

図4：アンダルシアの住宅

図5：客家の中庭

な幾何学がディテールまでのすべてを支配していて、樹木はなく、水盤があるだけ。アイコンも、本来はない。具象的な世界を可能なかぎり排除した、水と幾何学だけの空間です。それはアルハンブラの中庭と同じことです。

中国の南、客家の住宅の中庭です（図5）。光と風以外は何もない。そういう意味ではかなり抽象度の高い中庭です。こういう軸回転のドアというのは百パーセント開放しますから、内部と外部が完全につながることが可能な中庭です。この客家の中庭と、京都の町家の中庭は対照的です。一方は光と風だけの抽象度の高い中庭空間であり、そこでは人間のアクティビティが主役になる。京都ではそれは世界そのものの模像であり、そのなかには人間の痕跡さえもある。しかしその中庭での人間のアクティビティは、積極的には想定されていない。内部から眺めるためのものであり、人間のアクティビティという観点からいうと、こちらのほうが抽象度の高い中庭とも考えられる。

一方、近代になって表舞台に出てきた「屋上庭園」という存在があります。この屋上庭園を意識的に、それも大々的に唱いあげたのはル・コルビュジエで、その代表的な作品として「サヴォア邸」（図6・7）があるわけです。では屋上庭園とは何かと考えてみたときに、アスファルト防水の技術と鉄筋コンクリート造の建築がフラットルーフを可能にした、というごくあたりまえの言い方があるわけだけれども、本当にそうだろうかと思います。たんに技術的に勾配をもたない屋根ができたというだけでは、それは何も新しいことではない。テクノロジーがもたらした新し

図6：サヴォア邸

図7：サヴォア邸の屋上庭園

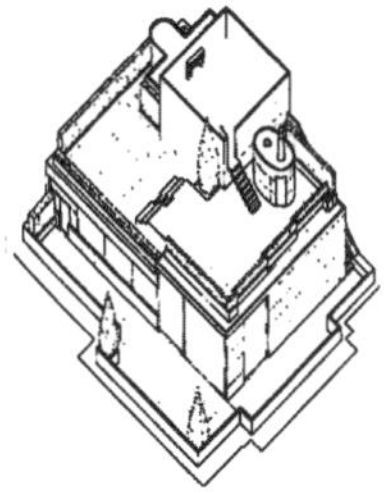

図9：ベイステギ邸アクソメ

図8：ベイステギ邸

い技術、それが概念的にも新しい建築を生みだす契機になっていなければ、建築におけるテクノロジーの意味はないでしょう。そこで屋上庭園をフラットルーフ、平坦な屋根と考えるのではなく、むしろ「屋根の廃棄」と考えてみること。そうすると別のものがみえてくる。20世紀の技術によって本来は建築が必要としていた屋根を破棄することが可能になった、その結果が屋上庭園であると考えてみること。基壇があり、その上に主階があって、屋根があるという古典的な建築の構成を前提に考えると、屋上庭園とはその主要要素である屋根の破棄という革命的なできごとだったのではないか。しかし、コルビュジエはそこに周到に解答を用意している。サヴォア邸の屋上庭園にあるソラリウムの壁、あれは屋根の縮退形のようにもみえる。革命的でありながらも、同時に古典主義の文法も守っている建築としてのサヴォア邸。だから屋上庭園とは屋根を20世紀の技術で放棄することが可能になったこと、屋根をもたない建築が可能になったということ、あるいは、人が屋根の上に住むことができるようになったというふうに考えてみてもいい。そういうふうに考えると建築という概念にとって、屋上庭園というものが20世紀のはじめにおいていかに新しかったかということがわかる。あるいは、コルビュジエがなぜ機能的にはソラリウム、日光浴以外の機能のない空間である屋上庭園を近代建築の5原則に入れたのか。

屋上庭園の空間が何をもたらしたか、とくに都市空間のなかでどんな意味があったのか、ということへの解答は、同じくコルビュジエ設計の「ベイステギ邸」（図8・9）にみることができると思います。これはシャンゼリゼにある建物の屋上に増築したペントハウスの住宅です。これをみると、屋上庭園には暖炉があり、いかにも内部空間的な設えがなされているけれど、屋根だけがないという空間であることがまずひとつ。それからもうひとつは凱旋門の見え方。ここから見える凱旋門、それは地上面から20mくらい上がった高さ、しかも一見室内のようにも見えるもののじつは外部空間である場所から見る凱旋門であり、地上から見る凱旋門とは見え方が微妙に違う。その視点の違いがもたらす世界観のシフトこそが屋上庭園がもたらしたものではないか。シャンゼリゼのファサードが並ぶ一焦点空間としての都市の街路空間、その奥にある凱旋門とは違い、屋上庭園の壁の向こうにはパリの屋並みがあり、その向こうにいつもより少し高いレベルからことなった見え方をする凱旋門がある、ということ。それを表象するのがこの写真だろうと思います。コルビュジエの屋上庭園のある仕事にはいろいろな作品がありますけれども、新しい概念を、しかも都市空間との関係のなかで提示したという文脈でいうと、私はこのベイステギ邸、たんに屋上に増築されたただけの小さな住宅がもたらした意味はすごく大きいのではないかと思います。

ところで屋上庭園を考えるとき、いつもパラディオのロトンダを思います。ロトンダの屋根の上には彫像が立っている。主階、ピアノ・ノービレが人間のフロアですが、屋根の上にも人型の彫像がのっている。歴史的に検証するつもりはないけれども、この彫像を見ると、いろいろ想像してしまう。たとえば、16世紀には屋根の上には人間は立てなかった、その場所は彫像の神様の場所だったけれども、20世紀になったら屋根の上に人間が立てるようになったなど、建築の歴史を自分勝手に概観するときに、ロトンダとサヴォア邸を並べてみると、人間と建築との関係がどんなふうに変わってきたかということがわかるような気がします。

ガウディの「カサ・ミラ」の屋上庭園（図10）。じつは私はカサ・ミラは徹頭徹尾、近代建築だと思っていて、中庭と屋上庭園をどちらももつ建築というのは都市の建築としての可能性があるだろうと思っていて、中庭／屋上庭園という概念からみると、カサ・ミラは両方とももっている。このいて、そんなコンセプトで設計した実例もあります。カサ・ミラは7階建てだったと思いますが、そんなに高さのある建築ではない。しかし屋上まで上がるとバルセロナの街、それに「サグラダ・ファミリア」が街路から経験するのとはぜんぜん違う表情をみせてくれる。ベイステギ邸と同じですね。ベイステギ邸と違うのは、ここでは屋上の床は上下に波打っており、その公園のランドスケープのような形状のなかに人が座っている姿が見えること。個人住宅ではないですから、この屋上はパブリックな空間でもある。バルセロナの都市風景が遠くに、そして同時に足元にも見え、しかも手前に人が空中に浮いているという姿が同時に眼に入ること。これが屋上庭園という概念が私たちにみせてくれた20世紀の新しい世界像だろうと思うのです。

とはいえ屋上庭園というと、建築家の新しい概念でアバンギャルドに構築されたものと思うかもしれないけれど、そうではない。ふつうに人間がすごしよい空間を求めていくと、それにいたる場合もある。

ロンドンのジョージアンのタウンハウスの屋上庭園です（図11）。下の階に住む人が自分のためにつくった屋上庭園ですね。建築家の作品というわけではない。こんなふうに写真に撮られているわけだから、プライバシーが確保された空間でもない。歴史的な中庭空間のように、そこに入れば絶対的なプライバシーが成立するというわけではない。だけれどもそこにはセミ・プライベートというか、少しだけ閉じることによってもたらされる、都会のなかに住む悦楽のようなものがあって、見えるけれど見ないふりをするという都市生活のマナーに裏打ちされた屋外空間の姿がある。別に彼らはコルビュジエのサヴォア邸や、屋上庭園という概念を知っているわけじゃないけれど、自分たちが心地よい住まいをめざすなかでこの空間が出てきたということがすごくおもしろいな、と思います。

第2章の「場所と文化を読む――香港」でとりあげた屋上違法住居も同じ話ですが、これも屋上庭園という概念から考えてみると、おもしろいものでした。都市そのものをランドスケープと考えること。高層ビルを山だと考え、道路を谷だと考えてみる。何が本当の自然と違うかというと、少々プライバシーがない。いや、むしろプライバシーという視点をはずすと、新しい都市空間がみえてくる。歴史的な中庭空間は十全なプライバシーを確保してくれるけれども、プライバシーの軛《くびき》をはずせば、屋上庭園がみえてくる。

中庭、それは中国では四合院、韓国ではマダン、あるいはヨーロッパの中庭もあり、中庭空間は何千年の歴史をもつわけですけれども、屋上庭園は本当に短い歴史しかもたない。たった100年くらいしかないけれど、それであるがゆえに、現代の都市に適合する空間が生まれているのではないかと思います。

これも第2章でとりあげた例ですが、パシフィックプレイスという場所にあるホテルコンプレックスの屋上庭園（図12）。向こうに中国銀行や香港上海銀行が建っている。ここは60階建てくらいのホテルの7階くらいの高さですが、パブリック／プライベートという視点からみると、ここにはプライバシーはない。まわりのビルのふつうに仕事をしている人から見下ろされるような空間として成立している。しかしそれは同時に仕事をしている人たちから見下ろされながら余暇をすごすという、特権的な屋外空間でもある。それがもたらす輻輳《ふくそう》した都市での悦楽、現代の巨大都市でしか成立しない、パブリック／プライベートという閾をのり越えたところにある快楽というものがあるということは建築家としては想像しておかなくてはいけないでしょう。くりかえしますが、働いている人から見下ろされながらプールやジャグジーに入るという行動、それは都市で暮らしている人だけしかもちえない、かなり倒錯したといってもいい悦楽ですね。

そういう差異化の意識、これは20世紀後半に典型的なものだと思います。たとえば、セレブリ

図10：カサ·ミラの屋上庭園

図12：香港のホテルコンプレックスの屋上庭園

図11：ロンドンのタウンハウスの屋上庭園

図14：ニューヨークのペントハウス

図13：バンコクの高層ホテルの屋上レストラン

ティと呼ばれる人たちがいる。そのセレブリティの快楽、それは「見て／見られて関係」[註2]という、きわめて20世紀的な視線のありようのなかにあり、完全にプライバシーが成立しているところではありえない悦楽でしょう。意識的にプライバシーの確立という条件をゆるくしたうえでの複雑な人間同士の関係、それが交錯するなかで生まれてくる都市生活者の悦楽があって、たとえばホテルを代表とする、こういう都市空間はそれがあるからこそ成立する。現在、われわれがいるのはそういう時代層のなかではないのか。最初からプライバシーは必要だと無造作に考えるのではなく、むしろ、プライバシーは本当に必要かどうかをあらためて考えることから設計をはじめたいと思う。「見て／見られて関係」をむしろ積極的に導入するところに現代という時代の時代層があるというふうに考えたほうがいい。

こういう空間があります。これはバンコクの高層ホテルの屋上レストランです（図13）。もともと屋上は空調機器設置場所で、空調の室外機が山のように置いてあります。ここではその上にもう一層床を架け、レストランとバーをつくった。

このレストランがこのホテルのなかで一番人気がありますが、そんなふうに後でのせたものです。そこにどうやって行くかというと、エレベータで最上階まで上がって、そこから一度外へ出て、屋外階段を上がるとここへ着く。屋上の増築、しかも屋上の空中への増床ですから、エレベータでは行けません。そんな場所に人々が何を体験しに来ているかというと、現代の大都市の空中に浮遊するという感覚、その感覚を味わうためだけに来ている。地上からの高さでいうと64～65階になると思います。250mくらいですね。だから東京タワーの展望台より高いところで、都市の空中に吹きさらしで浮遊している。じつは、実体験的にいうと、ぜんぜん気持ちよくはない。風がびゅーびゅー吹いていています。シャンパングラスなんか立てていると、風でパタっと倒れる。でも人は山のように来るというその都市居住者の気分。みんな楽しそうに話しながらお酒を飲んでいるけれど、もうたいへんです。暑いし、風は吹くし。けれどもこういう屋上庭園、概念的には屋上庭園なわけですが、屋上庭園の空間で夕暮れのときをすごし、バンコクという都市がだんだん暮れていって夜を迎える瞬間を体験できるのは、この場所での超越的な体験ですね。それを味わうためだけにみんな集まっていて、それがどんなに心地いいかという「演技」をしている。都市空間は本来演劇的な空間ですけれども、その演劇性こそがこの屋上庭園の主役です。バンコクという都市空間を体験するひとつの最終形、これも20世紀がもたらした屋上庭園という空間の現在最新の形だろうと思います。

最後にニューヨークのペントハウスを見せます（図14）。これも屋上庭園空間のバリエーションです。ニューヨークのセントラルパークの南側に面した高層ビルの上につくったプロジェクトです。古いビル全体のあまっている容積率を買って、それを頭の上にペントハウスとしてのせるという増築です。

セントラルパークの全体が見渡せ、西側のファサードが見えて、向かいにハーレムあたりの北側が見えて、右側にアッパーイーストが見えるという、セントラルパークの3面の展開図を鳥瞰的に見ることができる場所。ニューヨークでは最上で超越的な場所だと思います。というのも北を向いているので太陽の光がうしろ、南から来るので、セントラルパークとニューヨークがこれ以上美しく見える場所はない。これは日本の書院の空間の考え方、北庭は光を受ける緑の立体的な庭、南庭は砂や石の抽象的な庭とし、光を庭でバウンスさせ、拡散させて室内にとりいれるというのと、同じ考え方ですね。

だからこの空間は北向きで、しかもセントラルパークが朝の光から夜の光まで変化するのを経験できる。そういう意味で超越的な空間であろうと思います。

ニューヨーク版のベイステギ邸といっていい。

この空間では北を向いた開口部はフルオープンになり、そうすると屋根だけの半屋外空間となり、このリビングはセントラルパークと1対1で対峙することになります。

セントラルパークの西側展開、北側展開、東側展開、そういう風景を日本的にいうと借景として、自分のものにすることができる。ベイステギ邸の凱旋門が上のところだけちょっと見えているという、意識的にじゃまされたようにつくられた屋上庭園からの風景と、このセントラルパークに180度開放された圧倒的な風景を比べると、むしろコルビュジエという建築家が風景のコントロールをいかに自覚的に行っていたかというのがわかるでしょう。セントラルパークの自然とニューヨークという都市空間に全面的に開放する方向と、凱旋門が見えていても下半分を隠し、その手前の空間に室内的な匂いを付与するコルビュジエのやり方。それが建築家のキャラクターの違いですね。けれども、どちらの建築家も共通しているのは自分たちが空中にいて、典型的なパリの風景、典型的なニューヨークの風景とどう対峙するかを考えている、ということです。その基盤になっているのは「屋上庭園」という概念でしょう。

プライバシーなんていう議論が、ここではほとんど無意味なものになっているということには、注意する必要があります。もはや、安定した空間である「中庭」の時代ではないのかもしれないという気がします。

ここからはその「中庭」と「屋上庭園」をどんなふうに実作と結びつけてきたかをまとめてみます。

まず、日本橋の家です（図15・16）。

このプロジェクトを中庭／屋上庭園という切り口で語るときに、私にとって重要なのは、この6畳にも満たないかもしれない空間、最上階のリビングの外部に配置したテラスの空間です（P33の図19参照）。これが私のベイステギ邸なんですが、さきほどのニューヨークの空間と違うのは、このテラスの空間は閉じていることです。壁で閉じてはいますが、内部空間は天井高が６ｍありますから、２ｍ少々の高さの壁では、内部からはさほど閉じているとは感じられません。むしろ、空に開いている印象のほうが強い。一方、テラスまで出ると、そこはリビングの内部から見るのとは対照的に、壁で囲まれた狭い空間へと雰囲気が変わる。3方向を閉じた壁には1カ所、丸い穴を開けていて、そこからだけ外部が見えるようにしています。そこから見える大阪の都市風景は街路から見えるものとはことなり、道路に接していない古くから建っている木造住宅をはじめとして、大阪という都市の、時間が止まっているかのような風景、さながらタイムマシンにのっているかのように時間が30〜40年過去に戻り、この都市のこの場所に積み重なっている歴史の重層を目にすることができます。簡単にいうと、ベイステギ邸から学んだのは、そこが都市の上に浮遊している空間だからといって、なにも全面的に風景を見せればいいということではないという点です。

もうひとつの屋外空間、都市に開いた空間として、屋外階段があります。最上階のリビング・ダイニングへのアプローチは半屋外の階段空間になっていて、下階では個室や書斎の前を上がっていきます。クライアントは少々年齢を重ねた方でこの場所に長く暮らしていた人です。ですから、この階段スペースは椅子を置いて座って、さながら縁側にいるかのように近所を歩いていく人と話ができる立体的な縁側として計画しました。すべての素材は半透明で、半屋外の空間になって

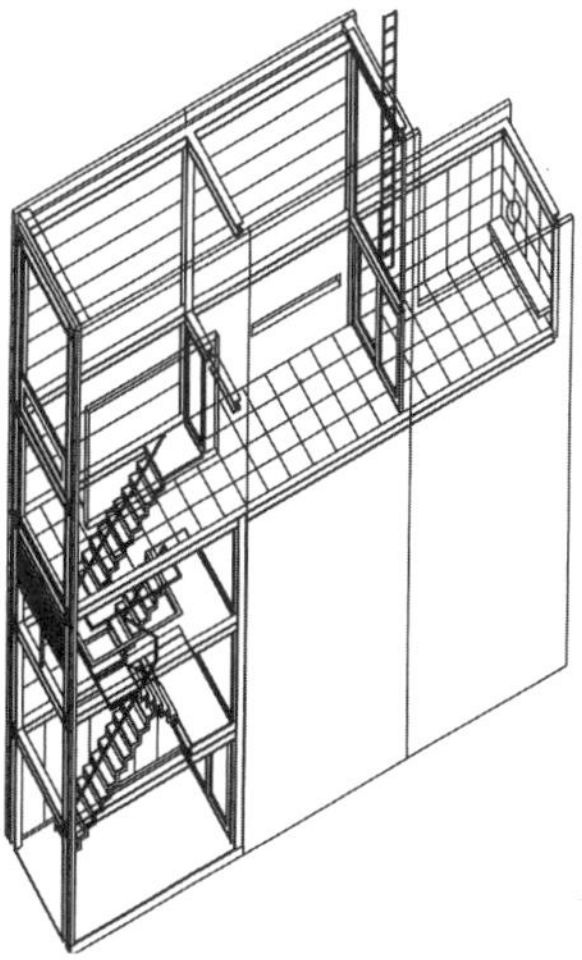

図16: 日本橋の家アクソメ

図15: 日本橋の家の屋上庭園

図17: 中京の家の屋上庭園

いる。敷地が狭く、間口の構造スパンで2.5mしかなく、しかも配管もそこを通さざるをえない。そんな階段を一番上に上がると、唐突にドア1枚で内部空間に切りかわり、天井高6mの空間が眼の前に広がります。階段スペースは小さなスケールでおさえ、しかも視線も水平に誘導する。ところが最上階はばかばかしいスケールを対比的に導入するための天井高6mです。

この住宅を設計するときに、さっきのベイステギ邸の屋上の空間のほかにもうひとつ気になっていた空間がありました。香港にハッピーバレーという競馬場があります。そのハッピーバレーに面した高層ビルの屋上のペントハウスに私の友人が住んでいて、そこで時をすごしたことがあります。競馬場ですから夜も競馬をやっている。われわれは二十数階の高さにあるペントハウスのテラスで食事をしていたんですが、そのときに経験したことがある。下では競馬をやっているから、みんなの興奮している顔ははっきりと見える。しかし大きな声で怒鳴っているわけですけれどもその声はまったく聞こえなくて、風の音だけが聞こえているだけ、そんな経験です。上から見たときに風景はディテールまで見えるのに、音はまるで聞こえない、という経験をもちました。どんな気持ちになるかというと、下でおきている興奮している状況と、自分の心との距離感がとれなくなる。その風の音は、バンコクみたいに六十数階ではなく、20階ぐらいなので常識的な風の音です。そこで都市の音の重要性に気づきました。

日本橋の家では階段空間は半屋外ですから都市の音にオープンです。しかし最上階まで上がり、扉1枚入ったら、都市の音が切れて静寂な空間がはじまるというふうにしたかった。この住宅の小さな屋上庭園は音のないうしろ側に面するようにしたわけです。ですから、ここの最上階は静かな空間なんです。うしろは静謐だけれど、都市の街路に直接面する前面は騒然とした都市という対比。音にあふれた都市にオープンな空間を上がり、最後に突然、無音の空間がはじまる。さらに一番奥のテラスの開口部を開けると、ここにも静寂の外部空間があり、風の音だけが聞こえる。その静寂の空間から大阪という都市が切りとられて見えること。そういうシークエンスのデザインが日本橋の家です。

次は京都の住宅で「中京の家」です（図17）。

これはカサ・ミラのように、中庭と屋上庭園をどちらももつ住宅の可能性を探ったものです。北側に中庭があり、その中庭にある外部階段で上がっていく。一番上がリビング・ダイニングとなっていて、そこはテラスとガラスの箱になっており、そこには軽い屋根が架かる構成。断面的にいうと、北側の中庭が逆L字型に、最上階では南方向に屋上庭園へと姿を変え、連続的な外部空間として住宅のまわりを囲んでいます。結果として中庭空間は下階ほど閉じて光も限定され、階を上がると徐々に開放的になり、光も増えていく。最上階では屋上庭園へと変化し、都市風景そのものを借景とするというコンセプトです。

最上階は西を向いているため、中京の町家の瓦の家並みが夕暮れになると、ヌメヌメと油をうったように見えます。京都というよりは西安かどこかの風景を思わせ、時間も止まっているかのようにみえるのがおもしろいなと思います。

中庭に話を戻しますが、下の階では階段は閉じたソリッドな形態でコンクリート造ですが、上のほうではヴォイドで軽快な鉄骨造のキャンティレバー構造の階段へと変化します。1階は骨董商のお店ですから、狭いながら数寄屋の空間があって、その開口部の向こうには現代の抽象的な、緑の1本さえないコンクリートの中庭が広がっています。これは、現代における日本的な空間について自分の問題としてはじめて考えた、ひとつのメルクマールとなる重要な仕事になりました。

次は「中庭」だけを主題にし、その新しいあり方を模索した「深谷の家」です（図18・19・20）。東京郊外でのはじめてのプロジェクトだったのですが、東京の郊外というのがいかにすさまじいスプロールの場所か、ということをはじめて体験したプロジェクトでした。東京の都心部はそれなりに知っています。けれども、埼玉や千葉というと、関西とは都市の成立の仕方が違うのでよくわからないし、イメージがつかめなかった。現場でわかったことは、それはほとんど農地や農道の街区形態がそのまま残り、その農道を拡幅しただけで街ができあがっていったような空間だった。たとえば家並みをみても、ぜんぜん規則性がありません。すなわち、都市郊外のインフラがまるで明瞭ではない場所。しかも低層の木造住宅が広がるかと思えば、中層のマンションがあったり、あるいは国道が通っていてそれにはＤＩＹのショップや工場がたくさん建っている。簡単にいうと、京都から来た人間には「無秩序」にしかみえなかった。要するに大都市郊外のスプロールということでしょう。だから、建築は閉じました。もう「中庭」しかなかろうということです。けれども、完全に閉じるというのは私の流儀ではない。ここは閉じる壁面を曇りガラスとして、外部にぼんやりと開きたい。中庭にいても周辺状況がなんとなくわかるような中庭空間としたい。それこそ香港のホテルの7階にあるプールから学んだあり方。もちろん、あれは屋上庭園で、これは中庭ですが。今は16世紀ではないし、ここはポンペイでもないので、中庭に完全に閉じる都市住宅というソリューションはないだろうと思っていました。

正面から見ると「寡黙な倉庫」です。倉庫街に建つ建築のようなファサード。アプローチは横から中庭へと入ります。中に入ると正面にプール、右側にリビング・ダイニング。ちなみに、プールがほしいというのがクライアントの最大の要望でした。

お隣との境の壁は曇りガラスですから、お互いに詳細は見えなくても、そこに人がいるのかどうかはわかるような、そんな近隣との関係です。

最近の気分としてはどちらかというと「中庭」寄りの気分です。しかしそれは、都市に対して防御的な気分が再び戻ってきたということではありません。たしかに日本の都市が、国外の都市

図18：深谷の家

図19：深谷の家

図20：深谷の家

のように安全ではなくなってきたとしてもです。

むしろ、外部空間／内部空間、都市／建築（あるいは「住居」）、パブリック／プライベート、といった二項対立で建築や都市をとらえるという方法論そのものがあまりに常套的で、クリシェ化してきたことに自分自身、倦《う》んでいるのでしょう。今では「中庭」や「屋上庭園」といった、建築的概念を援用するのではなく、たとえば、ファサードや立面といったものをもたない「内部空間」が、直接外部と、「都市」や「自然」と対峙するような可能性を夢見ています。

たとえば、きわめて通俗的な例ではありますが、超高層ビルの60階、そこにある65㎡のホテルの一室そのものが外部に広がる都市風景と関係をとりむすぶこと、「建築」的な概念の助けを借りることなく、両極としての極小と極大が同時存在するような空間の可能性はないだろうか、そんなことを夢想しているのです。

註1「中庭と屋上庭園」

　これまでの註をとおしてみてきたように、都市にはつねに「外部」が想定されている。「外部」への来訪が許容された「他者」に対してどのように開かれ、委ねられるのか、そのあり方として読みとられるのが、都市の相貌である。本章では、その相貌の具体的なありようが注目されることになる。相貌、すなわち顔、建築用語でいうところのファサードが、どのようにして「外部」や「他者」へとさし向けられているのかが、都市の問題とともに問われるのである。言い換えれば、都市においては、内部空間からの要請のみによってファサードは決定されえない。あるいは、内部空間の展開図をただ裏返しただけでは、語の本来の意味に照らして、ファサードとはなりえないともいえよう。また、一般的にいわれるような、立面としての垂直面だけがファサードとみなされるわけでもない。「空へのファサード」というルイス・バラガンの助言によって、ルイス・カーンが「ソーク生物学研究所」の中庭を石のプラザにしたように、である。つまりは、中庭や屋上庭園という水平面もまた、空＝自然という「他者」が想定されるならば（第2章註参照）、ファサードとなるからである。ファサードにとって重要であるのは、それが何に向けられているかということである。人間の顔でいうなら、身体のうちでもっとも無防備な、だれかの顔がわれわれの眼前にさらされるとき、われわれはその切実な呼びかけに無関心でいることはできないし、あるいは無関心であってはならない。しかし、あるいはそれゆえに、われわれとは別のだれか、何かへと向けられた顔を見つめることは、剽窃であり、その無防備さに対する冒涜となりかねない。建築におけるファサードも同じように考えてみれば、これまでのプライベート／パブリックという二項対立ではない、見ること、見えること、見られること、見せること、などに伴う倫理的な問題として見直すことができるかもしれない。

註2「見て／見られて関係」

　ファサードがさし向けられる「他者」とは、共同体や集団であることもあれば、起源も明らかでないまま慣れ親しまれてきた因習や歴史であることもあり、あるいは無償の贈与者としての自然であることもある。たとえば街路に対する立面計画や、既存の街並みとの調和などは、それぞれ共同体や歴史へと向けられた、それゆえそれらに属するわれわれにも向けられたファサードであるといえる。しかしこれとは別に、都市がとりわけ自然、具体的には光や風、緑に対峙するときに特化されたファサードのあり方が、中庭や屋上庭園であるといえる。つまり、本来それらはわれわれに直接的に向けられたものではない。個々の居住空間が、日射や大気の恩恵を受けとめるために、あるいは季節の移ろいを身近に感じつづけることができるように、空へと開かれたものである。それゆえ中庭や屋上庭園にあらわれる表情とは、空への親密さであり、裸身の無防備さであるといえる。たとえわれわれが偶然にそのような顔として中庭や屋上庭園を目撃したとしても、それは街なかで親しく向きあう恋人たちの顔を一瞥するときと同じように、見えないことにしておくことが都市における暗黙の了解事項である。

　ところが、これもまた人目をはばからぬ恋人たちと同様に、その親密さという相貌が、ほかならぬその二者によってこそ生みだされるひとつの表情として、さらなる「他者」、つまり文字どおり第三者へと公然と開かれるときがある。前章の註でもみたように、「他者」のあらわれる境界面が重層化するのである。直接的に向きあう共演者たる「他者」へ向けられる顔と、こうして向きあうということを通して間接的に向きあうことになる観者たる「他者」へと向けられた顔として、ひとつの顔がふたつの表情をもちはじめる。このようにして都市の演劇性、虚構性は幾重にもつくりだされていく。中庭や屋上庭園に満ちあふれた自然への親密さをどのように理解するか、あるいはなぜそれが都市へとさらされるのか、このときプライバシーとパブリックとは単純に対立するのか、それとも両者が互いに虚構化を加速しあうのか。それらの問いは、われわれがみな等しく顔をもち、顔を操る存在であることに由来するように思われる。鏡を手にしたわれわれがまずたしかめるのは、われわれ自身の顔である。あるいは、古くから鏡が霊力を宿すとされてきたのは、われわれの顔を映すものだからではないか。自身の顔がどう見えるのか、自身の顔をどう見せたいのか。この問いが発せられるとき、すでに完全なるプライベートなど自ら放棄されているのではないか。そしてわれわれと鏡とのあいだに、もっとも小さな都市がすでに出現しているのではないか。

第6章　自然に呼応する建築
Corresponding to Nature

これまでは都市の話だったので、今度は逆に自然の話をしたいと思います。自然に建築はどう対応するのかという視点です。まず建築とは構築すること、という基本的な認識を思い出したい。本来その場所にはないものを自然の文脈のなかに人為的につくりあげて存在させるということ、それが構築ということであり、その結果として建築は成立する。それは基本的には反自然的な営為であり、それこそが建築が構築的であるということの本来的な意味ではないか。したがって「自然にやさしい建築」などというようなものは本当にあるのだろうか。そんなものは定義からして矛盾じゃないのか。最近よくいわれているグリーンアーキテクチュアなどというものが本当に建築なるものの本質を考えたときに存在しうるのか、と思います。建築をつくるということは自然という文脈からいえば、基本的にはすばらしく正しいことをしているとは思わないほうがいいのではないか、というのが私の基本姿勢です。ただその文脈を自然からずらして、たとえば人間や文化など、ことなった文脈に議論をシフトさせると、もちろん違った結論になります。そこで建築が自然に呼応（correspond）するという考え方をしてみる。自然という文脈を破壊するのではなく、少なくともそれを避けること、自然に「呼応する」建築というような位置づけはできないかというのが、最近考えていることです。

もう少しわかりやすくするために、たとえば自然を光や風といった抽象的な次元に押しあげて議論をはじめるのではなく、もっとプラグマティックに自然のランドスケープと建築がどういう形で共存し、お互いに調停しえるか、と言い換えてもいい。あるいは建築にとってのランドスケープの存在とはなんなのか、と視点をずらすと考えやすくなります。

ケーススタディとして、バリ島における自然対人工構築物の関係を読みとろうとするのですが、それにはその場所の文化的な背景が大きな要素としてかかわってくる。したがって自然をそれぞれことなった文化的な文脈のなかの存在として読むときにどうみえるのか、また、ある文化背景のもとでの自然と構築物との関係を読むという議論になる。それを言い換えると、自然をカルチュラル・ランドスケープ[註1]として考えること、文化的な視点から自然と構築との関係を読む、ということになるのでしょう。自然と構築との関係を考えるとき、対比的、二項対立的にとらえるところからどうしてもはじめてしまいがちです。すなわち、人間がなした何かの行為の結果対自然という対立関係です。しかしバリ島ではそんな簡単な二項対立で語れない事例がある。

たとえば中部バリの風景、かなたに山が広がっていて、手前に段々畑があり、そのなかを道路がうねりながら抜けていくという風景（図1）。これをどうみるのか。何も考えないでいると、自然がすてきな風景だと思ったりする。でも本当にそうなのか。この段々畑はたしかに水と緑でできているし、一見すると自然のランドスケープのようです。しかし、段々畑という人工的な水平面の連鎖は圧倒的に人工的な風景であり、ここでは構築が自然を擬態[註2]しているといっていい。あるいはランドスケープそのものが建築と同じ構築物と化している。そこには自然と構築との二項対立関係ではない、新しい関係性が実現している。自然と構築との連続性のありよう、その対立関係を際立って眼に見えるようにするのではなく、むしろそれを見せないというのがこの段々畑のつらなるバリの風景であり、自然と構築との関係のあり方だと思うわけです。自然への人為のかかわり方という観点からいうと、東京郊外の風景とじつは違わない。

自然と人工との中間の形態を人為的につくりあげ、自然もじゃましないし、同時に人間にとっての社会的機能も十全にみたすランドスケープの実現された形がここにある。このランドスケープから建築家が学ぶべきことは無限にあると思います。

バリ島からのもうひとつの例として「タマンアユン」というヒンズーの寺院の水庭（図2）があります。沐浴するための水があってその先には水庭がある。これは山の奥に、本当に自然のなかに埋没するようにある小さな寺院ですけれども、その水庭の水面が長方形に区切られているというのは、圧倒的に人工的で構築的な扱いでしょう。そこにたまっている水はたしかに山から引かれてきた自然の水だけれども、それが長方形のプールに区切られているというのは人為的で構築的。長方形という抽象的な形態、幾何学のもつ構築性です。

水という要素は自然を形づくる要素のなかで唯一、抽象性をもっているかにみえるものです。

なぜなら、何もしなくても水平面を形成する。思いもかけず、構築的な形態を自然にとってしまう物質です。それが人為の結果としての長方形のプールに導き入れられ、水庭が完成します。自然と人為との関係、自然に対して構築性を成立させることという視点でみると、段々畑と同じ文脈にありますね。

ついでにバリ島の住宅について（図3）。平面は住宅も寺院と同じ形式で、塀で囲われた敷地のなかに機能別のパビリオンが建つという形式をとります。食事をするパビリオン、寝るためのパビリオン、先祖に祈るためのパビリオン、それから同じ敷地のなかに先祖のお墓もあります。おもしろいのはそれぞれのパビリオンがきちんと西洋的な文脈でいっても建築の形をとっていることです。基壇があって、その上に柱が立ち屋根を支えるという形をとっています。ヨーロッパの文脈での建築という概念、構築性と、ヒンズーの寺院の建築的な概念とが同じで、水平の床と柱があって屋根を支えるという形式をとることが、私にとってはおもしろくてしようがない。

さきほどの寺院と同じ名前ですが、別の「タマンアユン」[註3]（図4）をみます。こちらが有名なほうの寺院ですが、これを見ると壁と水で囲われているものの、そのなかに機能別のパビリオンが建つという形式は住宅と同じことがわかります。この形式は、近代的な言葉でいうと、壁による空間限定とその後のあいまいな領域分割ということになるわけですが、そんなふうに近代的な概念での分析がどこまでバリの住宅や寺院の空間のあり方を語りえているのかという疑念は残

図1：バリの段々畑

図2：タマンアユンの水庭

図3：バリ島の住宅

図4：タマンアユン

図5：フォーシーズンズ・ホテルのロビー

図6：リフレクティングプール

図8：宿泊パビリオンの天井

図7：アマンダリの敷地内の道路

図9：プエブロ

ります。とはいえ、とりあえずは使用可能な道具で分析していくことしかできないでしょう。

ではそういうバリ島の文化のなかに現代建築はどんなふうに挿入されているか。ひとつの例として、ジンバランにある「フォーシーズンズ・ホテル」をみてみます。さっきの機能別にパビリオンが建つという形式をそのまま引用しています。これはウブドに建つホテル「アマンダリ」[註4]が先鞭をつけたやり方ですけれども、それからずいぶん年月がたっているこのフォーシーズンズでは、アマンダリにはないやり方で現代性を導入している。

それはロビーのフロアにみることができます（図5）。そこには現代建築的な概念が誇張された形で入っている。基壇の上に柱が立ち、屋根がのるという形式はとるわけですけれども、その基壇に、ピカピカに磨かれた石で景色を映しだすというアイデアがさらに加わっています。このロビーは西向きで午後には光が逆光になり、床面に空が映りこむ。そうすると伝統的な屋根と柱の形式が空中に浮遊しはじめ、ロビーの空間が快楽性をおびて変質していく。床の素材をひとつ変えるだけで、バリの伝統的な建築形式が変質し、突然現代性をおびます。

もうひとつ、バリ島の建築が世界中に広めたランドスケープのデザイン。アマンダリからはじまったリフレクティングプール（図6）、あるいはエッジレスプールというものです。借景のバリ島の自然に向かうプールにはエッジがなく、オーバーフローがとってある。結果は水面にランドスケープと空を映しこんで、上下反転するダブルイメージの自然が体験する人の立ち位置をわからなくするというやり方。これも「浮遊感」のデザインで、さきほどのフォーシーズンズの床はこれを翻案したものと考えてもいい。

アマンダリというホテルは、現代建築がバリのコンテクストのなかにどう入っていくかという意味ではすごくよくできている。小さなビレッジ、村をつくるというコンセプトで、ホテルの敷地のなかに畑があってそこで作物をつくっていたりします。さながら村落のなかの街路のような道があり（図7）、そこからそれぞれのパビリオンに入ると宿泊できる。さきほどのバリの住宅のスタイル、領域を塀で囲ってその中にパビリオンが建つという形式を、そのままホテルの客室のあり方に援用しているわけです。

宿泊パビリオンの屋根を一見すると、構造を露出した原始的な天井に見える（図8）。しかしこの天井は本当に屋根裏を見せているわけでもなんでもなくて、外部には茅葺きの屋根があり、その天井裏にはちゃんとインシュレーションが入って、さらにその内側に天井架構を露出しているかのようなデザインの天井面を設ける。だから伝統的な建築のスタイルとしてデザインされているものの、そこには断熱という考え方や現代のテクノロジーがかくされた形で導入されている。パビリオンの開口部のサッシュはもちろん完全に開放することができて、そのときにはパビリオンの室内は屋外化して、バリ島の住居空間に近似したものになる。一方でエアコンディショナーもちゃんと装備されていて、開口部を閉じるとエアコンの効いた涼しい空間、現代的で快適な空間が実現する。

「アメリカの自然と水平の意味」についても考えます。

ニューメキシコ、それはアメリカの中南部の州ですが、その場所の自然のありようを理解しないと、たとえばタオスという街にある「プエブロ」(図9)、ネイティブアメリカンの人たちの建築、集合住宅ですが、その意味が理解できない。遠いところに山が見えているものの、基本的には水平の地面が支配するランドスケープ。日本にいると「水平線」というのは、海がまわりにあるから見たことはありますが、「地平線」が見える場所は日本にはほとんどない。アメリカで、その自然と出会って何にびっくりするかというと、私にとっては「地平線」というものが存在するのだということでした。もちろん、ニューメキシコのような中南部の自然と、シカゴ周辺、たとえば「ファンズワース邸」の建つイリノイ州、アメリカ中西部の自然は違います。しかし山脈のある東部や西部では見ることのできない、この無限に水平につながっていく地面の形態は、地球というものの存在を思い出させます。

部分的には低い、浸食された山脈のようなものがあるものの、水平に地面の広がる風景。これがニューメキシコです。完全な水平ではなくて、ゆるやかなアンジュレーションがあって変化していく。大きな山もなければ大きな谷もないという、そういうランドスケープです。おだやかに起伏し、水平に広がる砂漠の風景を眺めていると、ネイティブアメリカンの音楽や宇宙と交信する儀式の存在が理解できるような気がします。そんな自然のなかに建つタオスのプエブロですが、うしろに山脈をかかえている配置を見ると、風水を思い出します。人間は地球上どこにいてもうしろに山、前に水という場所に都市をつくるのでしょうか。これを見て何を思うかというと、ランドスケープと建築が接する場所、足元が重要だという点です。古典主義建築では基壇で地面とは縁を切りますが、ここではそうはしていない。

この建築は日干しレンガを積んで、それに土を塗って仕上げるわけですけれど、地面と建築とに境目がない。さらにときに大雨が降るとくずれてくる。そうすると足元にさらに泥を張りつけて補修する。年月がたつと垂直だった壁はだんだん斜めに張りだしてくる。古いプエブロだと、壁が斜めになっている。そういう地表と建築の出会い方。同時に、この建築全体を支配しているのは幾何学という秩序だということもわかります。四角いボリューム、いや、ここではマッスの連鎖と積み上げで全体の形態ができている。しかしその幾何学のありようは、おだやかに起伏するランドスケープのなかに、さながらそのランドスケープの一部であるかのようなたたずまいで呼応している。この自然と人為の出会い方、構築性のあり方というのは、バリ島の段々畑を思い出させます。ですからうしろにひかえている山脈や、ゆるやかに起伏する砂漠のランドスケープと建築が一体化していること、ゆるやかに広がる土、あるいは砂しかない地面の上に、おだやかに導入された幾何学としての建築でしょうか。構築性、あるいは建築的秩序と自然との関係がグラデーションでつながること。その結果として重要性を増すスカイライン、建築のもつスカイラインの意味。タオスのプエブロが私に教えてくれたのはそんな視点です。

次に「アメリカの近代建築と水平性」について考えてみます。

「落水荘」(図10)はアメリカ東部、ペンシルバニアの自然のなかに建ちます。この場所の自然とは、われわれにも想像可能な自然、山や谷があり、緑にあふれ、川も流れているという自然ですから、土と砂しかないニューメキシコの砂漠とは違う。しかし自然との関係というときに検証しなければならない住宅のひとつでしょう。ピッツバーグの空港からレンタカーを借りて走るとアメリカ東部の自然とランドスケープのあり方を最初に学べますから、その後にこの落水荘を訪ねるというアプローチは、自然とこの建築との関係を理解するときに助けになります。

そこでまずみるべきは落水荘の配置です。平面図や断面図は有名でも、その配置図を覚えている人はほとんどいない。どんな敷地のどんな場所に、どんなふうに建っているのか、よく知らなくて、有名な滝との関係、それにうしろからまわりこむアプローチについてだけはみんなよく知っている。この落水荘の隣地境界はどこか、検証してみるといい。とりあえず、広大な敷地です。ついでに自分だったら広大な敷地内のどの場所に配置するかを考えてみること。そうするとライトがきわめてあまのじゃくな人物だったのではないかと思えてくる。観光バスが何台も駐車している場所も敷地のうちだし、そこから15分くらい自然のなかを歩くと有名な風景が出てきます。

日本で敷地というと、建物からちょっと離れたところが敷地境界かなと思うけれども、そんなもんじゃない。スケールを超えた大きさの敷地があり、そこにはペンシルバニアの自然が本当にあふれていて、その自然と建築がどう対応をとるかということが重要になる。プライバシーなどという視点はまるで意味がない敷地でもありますね。川も敷地のなかを流れている川ですから、その上に建築が飛び出してもいいのはあたりまえです。

そんな自然のなかで落水荘から教えられること、それは水平の床面＝スラブというものがもっている構築性の強さです。水平という要素、それがスラブという形で空中に浮遊していること、そのことがもたらす構築性と建築的秩序感こそが落水荘なのではないか。要するにここでライトがやっていることは水平な床を導入する、それだけですが、そのことの重要性。自然の要素のなかで水平になるのは水だけです。だからこそバリ島の段々畑やタマンアユンでみたように、水は自然と構築的秩序を調停することができる。

落水荘では建築の構築性を担保するスラブの水平性を表現するために、ライトは対比的に、水をけっして水平にはさせなかった。そこでは水は滝となり、水平性を失う。その滝の上に水平なスラブが浮遊するということ。もちろん周辺の自然といえば、山や谷、緑や滝のある風景であり、木々にじゃまされながら、遠くに滝の水音を聞きながら連続的に展開する近景のシークエンス。ニューメキシコのように遠景に３６０度広がる砂漠の自然のような水平面などここにはない。だからこそ、その自然に挿入された水平面としてのスラブ、それを実現させたキャンティレバーという近代だけが可能にした構造形式が、秩序をもたらしえるのです。

もうひとつ、ライトの自然とのインターフェイスのとり方を学びます。自然のなかでの建築の意味ではなく、逆に建築のなかに自然を導入すること。それは荒い石積みの壁が建築の内外を貫通したり、室内に屋外からつながる床仕上げを採用したりというやり方です（図11）。同時に重要なのは、ライトはそんなふうに自然を思いおこさせるような室内仕上げを導入しておいて、しかし同時に、その上部の屋根や天井面には抽象的なデザインの屋根を架け、自然と人工とのインターフェイスをとります。このやり方はライトですね。

比較して考えるために、シカゴ郊外に建つ、ミースの「ファンズワース邸」（図12）をみます。

まずアメリカ中部のランドスケープです。車でずっと走ってもゆるやかなアンジュレーションはありますが、基本的に水平なランドスケープ。そんな水平面が支配するなかで、建築をどう考えたらよいか。きわめてオーソドックスに考えると切妻の家型、アメリカの納屋建築です。タオスのアドビの建築と並んで、アメリカの建築の原型として出てくる切妻の納屋の建築はそういうランドスケープ、ゆるやかなアンジュレーションだけが支配する地平線の世界だと、そのアイデ

図11：落水荘内観

図10：落水荘

図12：ファンズワース邸

図13：グロピウス自邸

ンティティがとても納得できます。そんなアメリカ中部のランドスケープで、ミースは何をやったのか。落水荘ほどではありませんが、これも大きな敷地です。車をとめ、駐車場から歩いて建物にアプローチする。プエブロの「遠景」、落水荘の「近景」のシークエンスというアプローチとはまた違い、ここではむしろ「中景」のアプローチでしょうか。

歩く地面はあくまで水平なのに、そこにある樹木が眺望をさえぎります。歩くと、それにしたがって変化する中景の眺望。たまたま訪ねたのが冬なので、「中景」なのですが、これが夏なら「中景」と「近景」のミックスになるのかもしれません。

アプローチでは木の垂直性のほうが目に入ってしまって、木と柱の関係とか、そちらを考えてしまう。水平面としての地表と垂直要素としての樹木というのが最初の敷地の印象でした。じつはそれこそがファンズワース邸の建築そのものではないかという議論も頭をよぎる。それはさておき、そんな水平と垂直でできたランドスケープのなかに浮遊する3枚のスラブ。構築性を担保するスラブも水平なら、周辺の自然も、前を流れるフォックスリバーを含めて水平、そこに垂直要素としての柱と樹木、というのが自然との関係から記述するファンズワース邸でしょう。

ライト、ミースときたら、グロピウスは避けて通れません。ボストンの郊外に建つ「グロピウスの自邸」（図13）です。

森のなかの道を抜けていくと、すこし開けた緑のゆるやかな勾配の丘があり、道はその裾につながります。その緑の丘の奥、森を背景に建つ白いインターナショナル・スタイルの箱がグロピウス自邸で、左からまわりこみながら建物にアプローチします。建築が、緑のなかに置かれて自然とのコントラストをつくるというのは、なんとなくそれが近代建築の最初に考えられた理念のように思っているけれども、実現したのはヨーロッパではなくアメリカ、しかも東部の自然のなかだったのではないでしょうか。パリ郊外に建つサヴォア邸でも、敷地は狭い。パリでコルビュジエの作品を見てまわると、それらは基本的に都市の周縁に建てられている。モダンデザインは中産階級がそのクライアントでしたから、パラディオのヴィラのように建つというわけにはいかない。自然対人工という対立形式が素直に実現している作品というのは、考えてみるとあんまりない。でも白い抽象的な建築の建っているようすを想像するとき、あふれる緑と自然のなかに、建物の近くだけは芝生にしておいて、そこに白い抽象的な立体が建つという形を考えてしまう。インターナショナル・スタイルの人間対自然の理念、グロピウスはそれを理念としていいつづけたわけですけれども、それが実際の建築作品としてはアメリカ東部の自然というコンテクストと出会ったときにはじめて実現したのではないでしょうか。

そういう文脈で考えたときに鍵になる人物がいて、それはマルセル・ブロイヤーだと思います。グロピウス自邸の右隣の敷地に同じようなたたずまいで建つのが、ブロイヤーの最初の「自邸Ⅰ」（図14）ですね。じつは10年以上前から興味をもって、ブロイヤーの住宅をみつづけていて、師匠のグロピウスとは違う自然との関係がそこにみえてきます。

ブロイヤーはヨーロッパにいる時代に非常に美しいモダンデザインの建築を残しています。その後にアメリカに移って東海岸の鍵、ハーバードを中心とした建築家のひとりとなります。

「ブロイヤー自邸Ⅱ」（図15）をみます。ランドスケープと建築との関係、おだやかに起伏する地形と建築とのとりあいを自然石積みの壁にまかせて、その上にキュービックなボリュームがのるという形式をとります。2階ではそのボリュームはそれが人為的な営為、近代の建築的な秩序表現であることを誇るかのように、キャンティレバーで大きくもちだされている。自然との関係のとり方は1階に自然と人工との中間的な表現を採用して、自然としての地上面と2階にのる建築とのインターフェイスとして1階が機能する。2階部分のキュービックな形態と周囲の自然とが単純な対立関係をつくりだすのではなく、1階がその中間的な表現として介入するというやり方です。コルビュジエのピロティのように完全に建築が浮遊し、建築と自然が対立関係をつくりだすのではなく、むしろそこまで過激ではなくて、自然との対応をグラデーションで考える、そういうブロイヤー的解法。

「ブロイヤー自邸Ⅲ」（図16）です。平屋の建築と敷地の起伏にどうおりあいをつけるのか、それに屋根の表現、この2点が重要です。こういうローカルな石積みの壁の使い方がさっきの「Ⅱ」よりやはりうまくなっていて、敷地のアンジュレーションという自然のコンテクストと建築の水

図15：ブロイヤー自邸Ⅱ

図14：ブロイヤー自邸Ⅰ

図16：ブロイヤー自邸Ⅲ

図17：フーパー邸

平の床の出会い方、あるいは建築の垂直な壁と、自然と建築の仲介要素としての独立壁が散逸的に配置されていて、その散逸的な配置が建築空間と自然とのあいだのインターフェイスをとるというやり方です。「Ⅱ」のような、おだやかな対立関係をつくるのではなく、もう少しどちらもが近寄ってくるやり方で自然と建築との関係をつくりだそうとしている。

最後は「フーパー邸」（図17）という、ボルチモアの郊外、すばらしい自然の風景のなか、おだやかに起伏し、緑があふれ、小さな池に臨む敷地に建つ建築です。一番円熟した時期のブロイヤーの仕事だと思います。なかなか言葉で表現しづらいのですが、さきほどのブロイヤー自邸Ⅲよりもう少し自然勝ちでしょうか、もうここまでくると屋根のエッジを見せなくなってきて、壁勝ちになっています。建築というよりもむしろ自然が優勢で、壁が3枚あって、その壁のあいだをつなぐための一要素という位置に屋根の扱いは落ちている。そうすることによって自然に囲まれたなかに内部空間があるという表現になっている。壁に優先権をあたえたデザインです。

外部の自然と建築との関係は落水荘やファンズワース邸のように、水平面としての床と外部の自然との関係が重要なのではなく、ここでは、むしろ壁が重要な位置を占める。だから結果として、たとえば内部から外部を見たとき、左右の壁や正面外部に立つ壁がどのような高さになるのかということがすごく重要になる。その壁の仕上げとしての石積みですから、内外をつなぐ役目としては必然の仕上げということでしょう。

ミースの「3つのコートの住宅」でも、あるいはバルセロナ・パビリオンでも屋根が上にのる形をとります。壁が内外とも同じ高さでつながり、その上に屋根がのる。そうすると表現として壁は強くなるし、屋根も浮遊するわけです。だけどブロイヤーの場合は屋根がこの壁のほうに下がって、くいこんでくる。結果として、どちらかというと外部からは閉じた内部空間、空間に親密（intemate）な感じ、洞窟の中にいる感じ、そんな印象をあたえます。結果として、外部よりも内部が少々プライオリティをもつ建築ができあがる。抽象性、あるいは構築性という観点からはミースのように、屋根がのる形式のほうが強いでしょう。古典建築の原型に近いですから。しかし、ブロイヤーはここではそのやり方はとらない。

最後に蛇足ですが、この壁の表現には少し劇的な扱いをみることができます。エントランス正面中庭の向こう側の壁、そこに開けられた開口部による風景の切りとり、フレーミングです。さすがにいくら敷地が広いといってもこの先の池はクライアントの持ち物ではなく、借景になるわけです。ただ、ブロイヤーが「借景」などという、少々劇的な、演出臭のある手法をとるというのは、私の想像を超えていました。もちろん、切りとられた風景はこのうえなく美しいものでしたが。

次は「日本建築と秩序の表現」を考えます。

建築という行為は秩序、建築的秩序としか呼びようのない概念、その秩序という概念を自然というあたえられた状況のなかに導入することというのが、一貫して議論の大もとにあります。もちろんそのかなたに措定された世界像というものがあるわけですが、それはきわめて古典的な考え方であることは十分に承知したうえの話です。しかし、建築について考えるとき、そんな時代錯誤に思えるような古くさい考え方に戻ってみることも重要だと思うのです。ではひるがえって、自然のなかに秩序はないのかと考えます。でもここでいう秩序というのは人間がなした行為の結果として残された営為、人為的な行為の結果として出現した建築と呼ばれる事物であり、同時にそのかなたに夢見られたもの、かなたにある抽象概念として世界そのものと対峙する、あるいは模像としてである、擬態するなど、なんらかの形での世界との関係の具体的な記述形式そのものです。それを建築的秩序と呼んでいる。自然と建築との関係、人間にとっての与件としての自然のなかに、人為的に導き入れられた秩序を建築と名づけるということです。

日本の建築「厳島神社」を、秩序を自然のなかに導入するという視点からみてみます。海のなかに鳥居があって、その軸線上に厳島神社があるという有名な構成。それをもう少し鳥瞰的にみてみると、この建築は入り江の一番奥に配置されている（図18）。不整形のランドスケープのなかに軸線を導入するとき、周辺の地勢や状況を読み、自然のなかにすでに存在する方向性を読み、その方向性を強調するように強い軸線をもった建築群として挿入されていることに気づきます。あの建築の配置は必然としてあの場所にあるということがわかるでしょう。同時にサーキュレーションを主体とする幾何学が導入され、周辺の地勢に合わせるように、建築的秩序は境界条件にしたがい、変形を受けている。ランドスケープと対応しつつ、軸線をもった建築が純粋な左右対称ではなく、左のウイングと右のウイングの形を変えながら、自然と呼応する。ここにあるのは自然のなかに導入された単純な幾何学ではなくて、このランドスケープに幾何学が呼応し、変形した結果です。

入り江という自然を読みとった後に幾何学を挿入する、しかしその幾何学は単純に挿入されるだけではなく、同時に周辺の自然との境界条件の違いによって変形を受けるというあり方。自然の地形のなかに幾何学を導入するときに、その幾何学が周辺でさまざまに変形を受けているということ、その場所の境界条件の設定の仕方、それがうまくいっているからこそ、厳島神社という建築的秩序は宮島の自然のなかに着地しえているのではないかと思います。そのあたりの自然との関係のとり方は、バリ島の段々畑やタマンアユンを思い出しますね。

垂直に展開する視点もあります。ここにあるのは海という水平面です。自然のなかで唯一存在する抽象形態ですね。そこで海をまず水平というきわめて抽象的な形態としてとらえれば、これを自然と人為的な建築的秩序とのインターフェイスとして採用するという考え方が出てくる。単純に自然のなかに幾何学という秩序を置いただけなのに、自然との関係性を自動的に設定してくれる、海という水平面。きれいに凪いでいるときは、海は建築という秩序側に近くなり、嵐や波があるときは自然側にあることをみせてくれる。

自然でもあり建築側でもあるような存在の海に、鳥居というゲートを置く。その奥に建物があり、そこには軸線がありますが、海から見ると左右の形態が違うこともあり、その軸線による奥行き性はあまりみえてきません。むしろ建物のうしろに広がり、立ち上がっている緑の山並み、上半分が緑の自然、下半分が海という圧倒的な自然に挟まれ、挿入された水平の建築というようにみえます（図19）。海という水平面とうしろに広がる緑の自然、それを建築が調停している姿。そこでは水平に広がっているだけにみえた平屋の建築の別の姿、すなわち垂直方向にもこの建築が軸をもち、ゲートとして機能していること、海から緑の山へとつながる地勢を調停し制御しているのが、この建築だということがわかる。水平方向だけでなく、垂直方向にもゲートとなって、自然と関係をとりむすぶ建築的秩序の姿でしょう。それは自然のなかに人工的な秩序を挿入し、対立関係を創造するなどという乱暴な関係のとり方ではなく、自然のなかに静かに身をすべりこませるように存在する建築の姿ではないでしょうか。この複合的な自然と秩序との関係は、幾何学的ランドスケープと呼んでもいいかもしれません。

「桂離宮」は厳島神社とはまた違う視点を教えてくれます。桂を鳥瞰でみると（図20）、自然と建築との関係のとり方は厳島神社と同じようにみえなくもない。すなわち不整形な自然があって、そこに幾何学が支配する建築が挿入される、厳島神社よりはもう少し散逸的な幾何学が自然と建築とをつないでいるというふうにみえなくもない。しかし厳島神社と決定的に違うのは、この桂をとりまいている自然というのは、本当の自然ではなく、自然にみえるようにつくられた人工の自然なのです。したがって桂では自然／秩序という図式が厳島神社よりもう1段階上のメタレベルになっている。その自然と建築、自然／秩序という関係が厳島神社のように原初的な形式／形態としてあるわけではなくて、対比関係を含む、概念上の二項関係（dialectic）であるということを理解したうえで、その全体の図式をさらに上位の視点から人工的につくりあげるという、メタレベルの自然／秩序の関係、あるいはメタ・ランドスケープ・アーキテクチュアというふうになっているのではないか。だから桂離宮に広がるランドスケープと建築の関係は、むしろ「批評的」なランドスケープ／建築となっているのではないでしょうか。

図面（図21）を見ると、そこには記述された、一見すると自然のようにみえるランドスケープがあるわけですけれど、それは厳島神社のようなものではなく、それを含めたすべてが人工的な構築物となっている。だからここにあるのは、メタ建築的秩序の姿。であるならば桂離宮は京都にある必要さえない。現実のあの桂、京都の西の桂という場所とはまったく関係のない建築。こ

図19：厳島神社

図18：厳島神社

図20：桂離宮

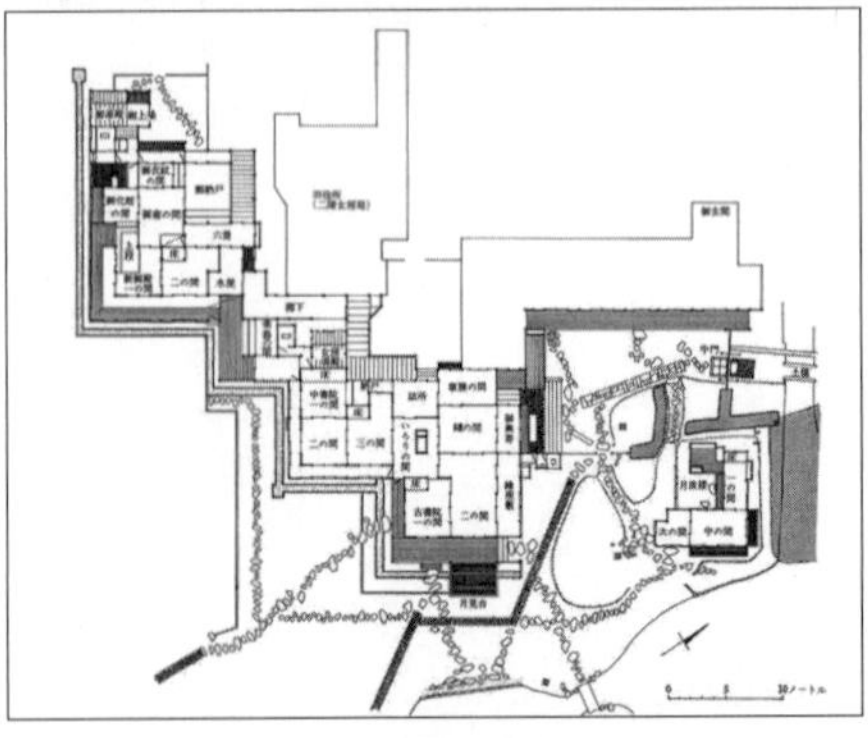

図21：桂離宮平面図

図22: El Escorial

図23: El Escorial

の建築はより大きなコンテクストのなかでのひとつのミクロコスモスの提案であり、したがって自然そのものを包含した世界観の表現としての建築／ランドスケープになっているのではないか。そういう自然／建築という図式、もっと広げるとそういう図式で読みとることのできる日本の建築のあり方、さらには京都に代表される日本の文化形式そのものの図式がこのなかに凝縮している。この自然／秩序という図式は西洋古典主義建築をも支配する図式でもありますから、20世紀的にいうと、きわめて「批評的」な建築であり、今日的な視点を読みとることができます。

厳島神社と違って、ここには本当の自然とは何かという議論はないし、その意味もない。自然は与条件としてではなく、「いわゆる自然」の模像か擬態のようなものをつくりあげる際の参照の対象として、あるいは建物の内部から見る風景、散策する外部空間の形として、どういうランドスケープをつくれば自然らしくみえるのかという参照の対象としてある。自然の分析と再現意図のもとにつくられたランドスケープとしての庭園ですから、逆にいえば、庭園とはメタレベルの自然であるということを教えてくれるこれほどいい例はないでしょう。したがって、桂離宮では借景という手法、建築が現実の自然と2次的な関係をとりむすぶ手法が採用されてはいないことに留意すべきです。メタレベルの自然が下位の自然、現実の自然と関係をとりもつ必要はまるでないわけですから。

突然、スペインに飛びます。「El Escorial」（図22・23）です。これは自然／秩序という視点からいくと厳島神社ときわめて近いと私は思っています。それを「屹立する建築的秩序」と呼んでもいい。

純粋な幾何学の支配する建物が、山からマドリッド方向にゆるやかに傾斜しながら平野につながっていくという壮大な地勢とランドスケープのなかに建つ。風水的にいうと、力が山から平野のほうに流れていくところに抗するように、建物のエッジを斜めに向けてこの宮殿は建っている。この宮殿と街並みとは平行になっていて、その宮殿に沿ってL字型にのびる街並み自身がこの山の自然とEl Escorialの中間ゾーンになっている。一度街並みで緩和され、さらに建物の閉じたエッジ、ソリッドなマッスでいったん止められた空間の勢いは、建物の逆側、マドリッド側が開放的表現、どちらかといえばヴォイドな表現になっているために再び勢いをもりかえし、平野へとつながっていくわけです。デザインとしては街と宮殿のあいだには広場がとられていて、バッファゾーンになっていることも重要です。結果として街と宮殿が一体となって、自然から平野につながっていく中間に存在する大きな擁壁のような形になっている。だからこそ逆側の平野に向けての方向性が非常に強調されることになる。

平野側、マドリッド側では遠くに広がる平野の水平線と対比するかのように、手前には人工地盤面がのびていて、それもエッジは水平に断ちきられます。遠くの地平線という自然の「水平線」

と近景の人工の「水平線」という対比。こちら側は水平が支配する世界で、厳島神社でいうと海の側です。水平が支配する世界があって、それを受けるように基壇、それも水平に断ちきられた基壇があって、さらにだめを押すように、手前に池があります。だから水平面が3枚で受けていて、そこに幾何学的な建築形態が建ちあがるという形です。鳥居こそありませんが、まさに厳島神社ではないでしょうか。山から平野へとつながる広大なランドスケープとその中間に屹立する建築的秩序。その自然／秩序の調停の仕方のみごとさこそがEL Escorialの魅力です。

あらためて建築の構築性が支配し、そこに建築的秩序が現前している空間とは、どんなものなのかを考えます。そんなとき、つねに私が建築家としての原点として戻ってくるのは「パンテオン」(図24)です。

だれもが知っている45m直径の半球形、それが円筒状にもちあげられているという建築。純粋な半球が実現し、頂上に5m直径の穴があってここから光が入ってくるというだけの、幾何学がそのまま建築になったような建築です。幾何学が支配する空間にさしこむ光と影ですね。パンテオンというと外部ではなく、内部空間のことだけしか思い出せません。建築的秩序が外部、たとえば自然と1対1の関係をもつ必要がなく、自然の一要素としての光だけを切りとることで、自然＝光そのものも抽象的な次元を獲得します。水に抽象的な次元をあたえる建築はいくつか思い出しますが、光に高次の抽象性を付与し、それだけで建築空間を成立させた建築はこれと、「シトー派修道院」くらいしか思いつきません。

ここでは自然は頂上から入ってくる光だけに昇華しているのですが、もうすこしおだやかな自然のありようをもつ建築も、思い出します。時代をへて、パラディオのロトンダです。

この時代になると、建築の歴史が建築家に理解されつつある時代です。ルネサンス以前には建築を分析的に歴史としてまとめあげるという概念がなかったので、目の前に残っているものがギリシャなのか、ローマなのか、ロマネスクなのかわからなかった。ルネサンスになってから、ローマに行って古い建築を研究し、それを体系づけるという建築書の時代が来る。過去の建築の位置づけを学んで、それをベースに自分の立ち位置を考えるというふうになってきます。きわめて大雑把な歴史記述ですが。パラディオはローマで勉強して戻ってきて、ヴィツェンツァに建築をつくった。だから純粋な幾何学が支配する正方形とドーム、それに円筒状の空間があって、二軸対称の純粋な幾何学の建築が構築される。そして、それはどんなところに建っているか。

ゆるやかに上昇しながらアプローチしていく道の先、小さな丘の上のすべての方向に眺望のいい敷地です。そこに四方対称の建物が建っていて、そのひとつの立面がアプローチに向けた顔になっている。そのアプローチの右側は馬小屋だったり、左側は擁壁だったりするわけですが、視覚的には左右の構造物とゆるやかに目の前に見えるスロープがフレームというほど強くはないものの、左右下の3方向の視覚的枠組みとなり、その上にロトンダがあらわれます。

丘の上に建つ二軸四方対称の建物ですが、その四方向ともランドスケープとの対応が微妙に違っている。

アプローチ側は地盤面は水平に近くのびていくのに、アプローチ道路は前面道路に向けて下がっていく。地面に切りこむようにつくられた、きわめて人工的なアプローチが実現している。ただ近づくほうからはそれが人工のものだという意識はもたず、自然に見上げた先に建物があらわれるわけですけれども、建物側から見返してみるとそれが演出されたものであるということに気づきます。

別の方向には周辺の郊外、今はもうヴィツェンツァの郊外になってしまいましたけれども、当時は自然が広がっていた。それが水平の眺望方向ではなく、見下ろす方向に広がっていることに注意したい。この眺望はルスティカ階の上、主階からのものですが、このロトンダでは丘の高さ＋主階の高さから見ることになり、見下ろす視線方向はより強調されている。結果としてここでは自然に対する建築的秩序の優位性が表現されていて、パンテオンほど極端ではないものの、古典主義建築における秩序概念の重要性にあらためて気づかされます。厳島神社の自然との対応と比較すると、同じように軸線という手段でも結果としてそこに表現される世界観の相違、自己の外に広がる世界や自然との関係のとり方のかぎりない遠さに愕然とします。

パラディオのことを考えると同時にコルビュジエのことを考えてしまう。サヴォア邸はパリの

図24：パンテオン

図25：和歌山の家

図26：和歌山の家の水庭

郊外に建ちますから、まわりは人工的な自然ですね。庭園として構想された人為的な自然と考えたほうがいい。この外部の樹木や地面は自然の擬態としてある。

そこに空中に浮遊する水平のスラブの建築が建つ。その建築のまんなかに入っていく斜路をとったのは、これも建築の内部に挿入された、擬態としての自然なのではないかと思う。人工のなかの自然の擬態。そう考えると、屋上庭園も同じことではないのかと思いあたる。本来は外部に、どちらかといえば対比的に存在する自然を、あえて建築的秩序の内部に、それも形を変えながら導入すること。同じように、外部に広がる庭園も自然の擬態とすること。

これは外部の庭園をコルビュジエが自然風にデザインしたということではありません。そうではなく、彼の指示は、外部は草が生えるままに放っておけ、というようなものだったのではないかと想像します。放っておくこと、が自然の擬態を実現するためのもっともいい方法ですから。

後でふれますが、動くことに対する時代の熱意、機械や映画に対する熱狂とか、そういう動機ももちろんあるでしょう。ただサヴォア邸のまんなかの斜路はそれだけではないのではないかと考えたとき、自然の擬態としての内部空間という考え方にいたったわけです。

少し自分の作例から記述してみます。

「和歌山の家」（図25・26）という都市住宅です。この建築では「水」を主題にしました。これまでの議論であったように、建築と自然を仲介する鍵となる要素として「水」がよくあらわれます。ですから一度、水を主題にした建築をつくりたいと考えていました。バリ島でタマンアユンと出会ったのが1980年代の後半でしたか、それからずっと考えていたことでした。2002年になって、ようやく実現できるチャンスに出会います。この計画で考えたのは、「水庭（water garden）」。水庭の何がおもしろいかといえば、庭なのに、すなわち人間のための空間なのにそこに入れないということです。バリのヒンズーの寺院の空間は聖なる空間、沐浴するための空間ですけれど、これは住宅です。でも人が入れない庭という、その矛盾した概念がすごく好きです。ただ、水だけだと本当に聖なる空間になってしまうと考えました。ですからそこに、人間の痕跡を感じさせるために、踏み石を配置しました。これは実際の機能としては奥の植栽のメンテナンス用なのですが、視覚的には人間の痕跡、水庭を聖なる空間とはしないための布石のようなものです。

それは京都の町家の坪庭から学んだ手法です。坪庭には必ず水があり、石があり、緑があって、そして踏み石があります。踏み石とは何か。それは世界のミニアチュールという町家の坪庭のなかで、人間を表象している要素ではないのか、それが私が考えていることです。

「苦楽園の家Ⅰ」（図27・28・29・30）。前面道路から約3m下がったところから約30度の下がり勾配の傾斜の地面という、特殊な敷地での計画です。幸い、その30度の傾斜の下には水が流れ、その向かい岸は対称的に上り勾配の敷地となっており、そこには緑があふれ、将来的にも建築は建ちません。奇妙な断面形状の敷地ではあるものの、向かい岸には緑が広がり、それは自分だけの風景として借景することができるという環境です。

30度の斜面に沿って、建築をセットバックした形状とするというのは、だれでも考えることでしょう。ここではそれだけではなく、この敷地だけに許された向かい側の借景の自然、これをどうこちら側の建築と対応させるかというのが課題でした。

ここで試みたのは、自然に開放される建築、ずっと魅了されつづけていたバリ島の住宅空間、あるいはその住宅と同じ形式をとった寺院であるタマンアユンなどのパビリオンの空間、壁のない建築空間の可能性です。

結果として、道路面から1層落ちたリビング・ダイニングの階はオープンプラン形式とし、建具を開放すると完全に外部空間と一体化するような空間とし、さらに1層落ちたプライベート・ルームの階は、コートハウス形式の平面とし、その2層の平面を重ねるということになりました。道路面と同じレベルのパーキングから1層下りた場所は自然のなかの開放的な空間、もう1層下りると自然との距離は遠くなり、光も抑えられ、空間はプライベートな様相に変化します。コートハウスにテラスハウスを重ねることで実現した空間のシークエンスです。

図27: 苦楽園の家Ⅰ

図28: 苦楽園の家Ⅰ

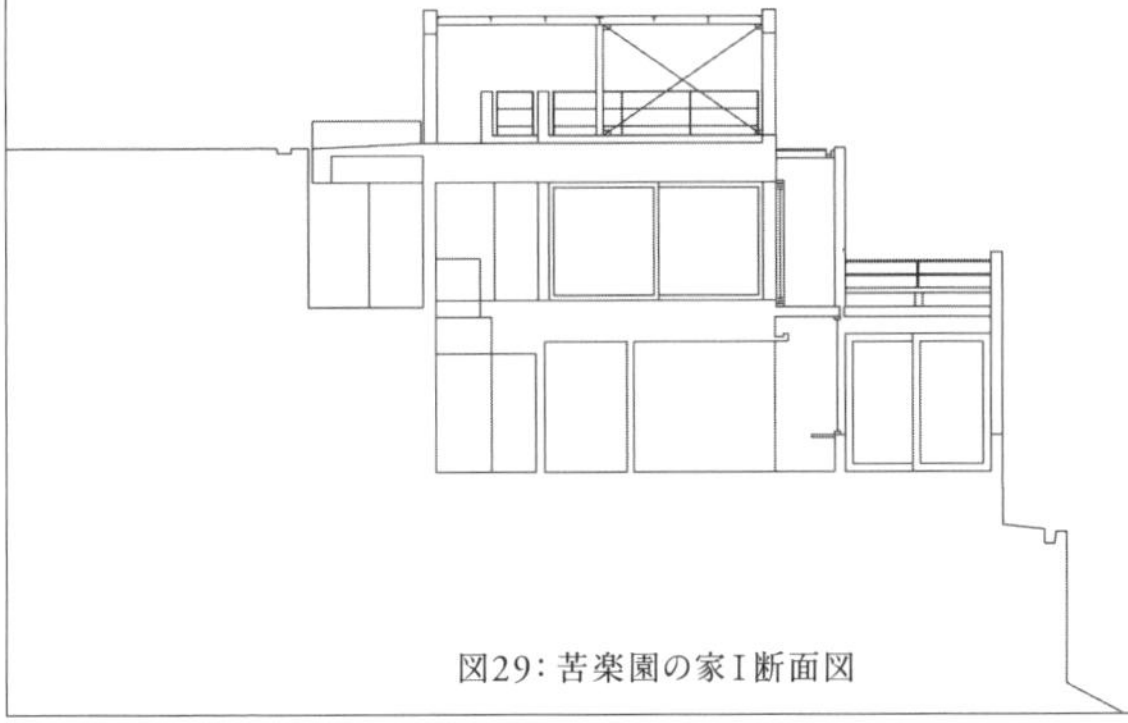

図29: 苦楽園の家Ⅰ断面図

図30：苦楽園の家I

くりかえしになりますが、自然のなかに水平面の床だけが挿入されているバリの建築や自然の風景が頭にありました。同時に、この建築も3層構成、リビング・ダイニングの床が主階、その下が基壇＝ルスティカ部分、駐車場部分の架構が屋根、ということでもあります。

同じ苦楽園で計画した「苦楽園の家Ⅱ」（図31・32・33）は、敷地がⅠとは逆、道路から約５m擁壁が立ちあがり、そこから約30度の傾斜で上り勾配の地面という敷地です。

敷地状況がⅠとはことなっていて、前面道路や近隣から敷地内が丸見えです。Ⅰで採用したオープンプランはここでは現実性がない。したがって、今度は閉じた建築をやろうと考えました。

ここでの設計のポイントはふたつ。ひとつは関西空港に着陸する飛行機までが遠くに見える場所、左右に広がる神戸から大阪までの都市風景を眺望としてもっている敷地での建築と開口部のあり方。景色はいいものの、開口部をむやみに大きくしても意味がない場所での建築。これはリビングルームでは2層分ある大きな空間であるにもかかわらず、開口部をなるべく壁面下部に限定し、横長のものとすることで、水平に広がる阪神間の都市風景をピクチャー・ウインドーとして切りとることとしました。

それと対比的に寝室では可能なかぎり大きなテラスをもち、外部に開放した空間とすることで、そのテラスの空間が南に広がる風景に対応することとする。景色の美しい敷地だからといって、

図32：苦楽園の家Ⅱ

図31：苦楽園の家Ⅱ

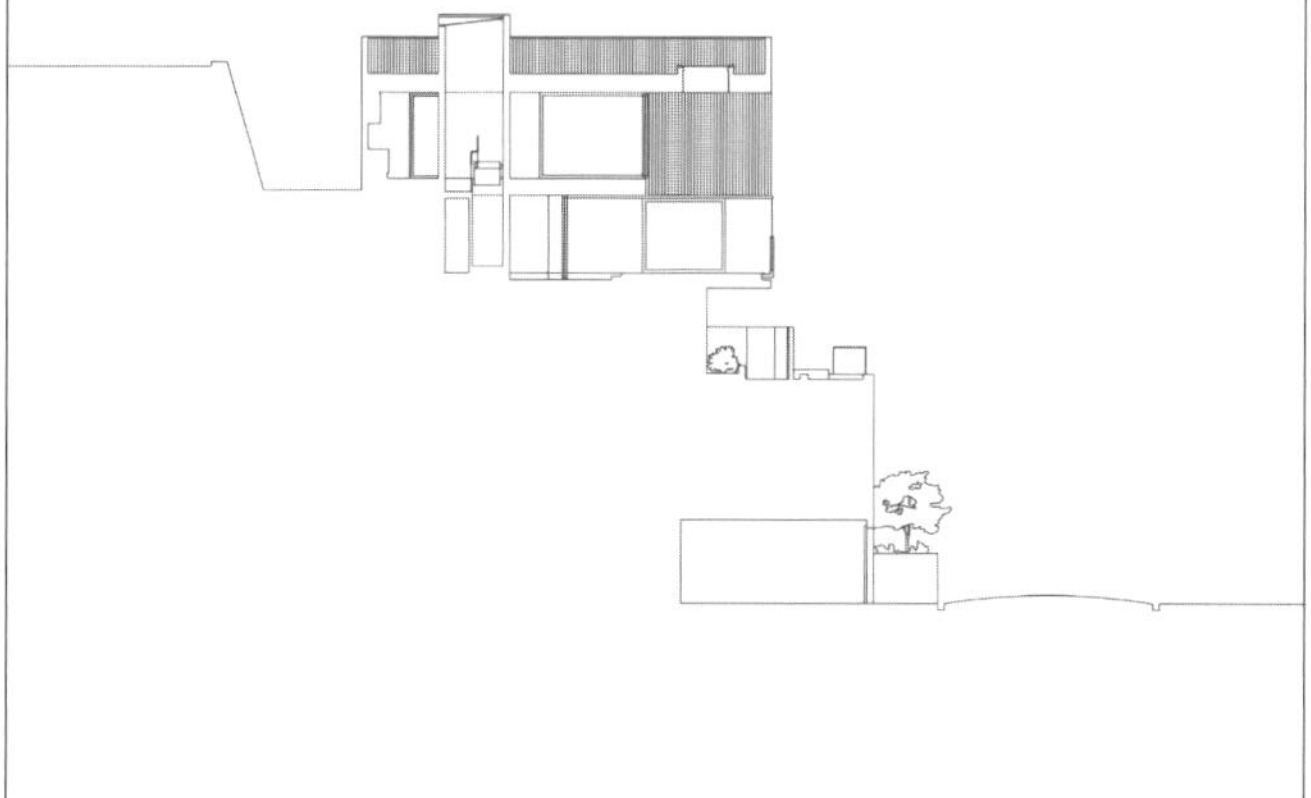

図33：苦楽園の家Ⅱ断面図

大きな開口部ばかりの建築をつくることほど、退屈なことはないだろうと考えたことの結果です。第2のポイント。景色がいい、風景が美しい場所だからこそ、それを際立たせる対比的な空間が必要でしょう。

リビング・ダイニングのボリュームと寝室のボリュームを結ぶ動線空間を斜路とし、そこはリビングや寝室とは逆の閉じた場所としました。屋根面全体をスカイライトとし、風景はまったく見えないが、空や天候の変化など、自然の変化とだけ感応できる空間とすること。リビングの窓で切りとられた風景や、寝室のテラスで感じる空気感が具象的な自然だとすると、このスロープでは対比的に抽象的な自然と出会いたいと考えていたわけです。

苦楽園の家I、あるいはIIでは字義のままの自然が周辺にあふれる環境での、自然との関係のとり方が問われましたが「東大津の家」(図34・35)は都市郊外によくある、古い敷地割りの残る不整形の土地が、そのまま住宅エリアへと変わったような敷地です。いわゆるディベロッパーの雛壇分譲ではないので、この場所がもっている歴史や環境の文脈は残っているものの、それをそのままオプティミスティックに受けいれて建築を設計することは、将来的なこの場所の変化を考えるとむずかしい、そんな場所です。苦楽園のように外部の自然との関係を鍵に積極的にデザインするのではなく、むしろ苦楽園の家II以上に閉じた建築を採用しながら、自然との関係を新た

図34：東大津の家

図35：東大津の家断面図

に想定すること、内外をつなげるのではなく、むしろ内外を積極的に切りながら、自然をとりいれることはできないかというのが計画の要でした。

結果として外部は黒い金属パネルの仕上げ、内部は白い塗装とし、建築の白い内部空間を人工的な自然としてとらえるというのが意図です。これまでのように自然と建築とを対立的、対比的にとらえるのではなく、そのふたつを包括的に考えられないか、ということを考えました。結果としてこの建築は2階建てですが、床のレベルでいうと7つ、さらに動線は可能なかぎり複雑に、たとえば途中でふたつに分かれたり、あるいは分かれた動線が最後に出会ったりします。現実の都市や自然の模像を白く抽象的な空間として昇華させたいと考えていました。

ただ1カ所、リビングルームにある水平に広がる大きな開口部だけで、現実の都市や自然とのインターフェイスをとりました。ここで外部の黒と内部の白が出会います。そうしないと、建築の内部空間が、たんなる白い迷路になってしまいますから。

「GLASHAUS／靭《うつぼ》公園」（図36・37・38）は、大阪の中心部、東西にのびる靭公園に面して、その南側に建つ集合住宅です。この敷地は高密度な都市のなかであるにもかかわらず、緑の自然に面するという得がたい敷地でした。

ここでの課題は都市のまっただなかの敷地に計画する、自然に開放的な建築というものです。

図37：GLASHAUS／靭公園のダブルスキン

図36：GLASHAUS／靭公園

図38：GLASHAUS／靭公園内観

バルコニーをとるというのが、一番簡単な解決法でしょう。しかしバルコニーの問題は、それが中高層の建築になると手すりのデザインは閉じたものにならざるをえず、ソファに座った視線では手すりの内側しか見えず、後は空が見えるだけ、眼下に広がる緑は眼には入らないといったことになるのが実態です。それに、バルコニーのある高層集合住宅こそが都市の風景を汚くしていると思っていますので、その方法はとりたくない。そこで何をやったかというと、ガラススクリーンのダブルカーテンウォールです。外側を可動水平ガラス・ルーバー、内側を引き戸というダブルスキンにし、その2枚のガラス面の中間に環境とのバッファエリアとした外部空間を導入します。空中に浮遊するテラスや中庭が、建築を靭公園の風景や大阪の都市風景に結びつける。両者を仲介し、感応させるための建築要素の導入でした。

自然、あるいは都市と建築がどう関係をとりもつのか、これは建築の成立とともにある、古くからの課題でしょう。これまで述べてきたように、新しい開放の可能性、開いた建築のあり方を模索するために、意識的に過去へと戻り、過去の先達の営為を検証するというのが、私のやり方でした。もちろん、それだけが解法ではないことは百も承知ですが、建築の歴史のなかに解答を探すというのは、私の習い性となっているようです。

註1「カルチュラル・ランドスケープ」

第2章では、香港の都市形態がひとつの地形としてみとられ、あるいは第5章では、都市にはめこまれたささやかな中庭や屋上庭園が、もはや自然ではなく人為に満ちた要素としてみとられていた。いわばこれまでの本書の議論においては、J・リクワートが述べるような、都市がコスモロジーに相応することによる本来的な抽象性（第3章註参照）ゆえに、人為は自然へ、自然は人為へと反転し、屈折した相のもとに見出されていたのである。それでは、都市ではなく田園においては、このような見方は無効となるのであろうか。

じつは、人間が生活環境を構築するうえで、その前提条件が自然環境であるか人為的環境であるかは必ずしも区別されているわけでないことが、このカルチュラル・ランドスケープという語には含意されている。すなわち、ある文化にとっての拠りどころとなるものは、自然も人為も、そこに人間が関与するかぎり、おしなべてカルチュラル・ランドスケープといえるのである。密集する高層住宅群の屋上であれ、なだらかにうねる山や谷であれ、そこに暮らす人々が新たな敷地を水平面として抽象化し発見するとき、そこが彼らの文化にとっての生誕の地であり、原風景となるのである。

註2「擬態」

第4章の註にも関係するが、自然であれ、歴史であれ、異文化であれ、これらをすべて現在を生きるわれわれにとっての外部あるいは他者であるとみなすとき、こうした他者に対してどのような向きあい方を選びとるかによって、生活環境の相貌、すなわち上述のカルチュラル・ランドスケープは、さまざまに変化する。おおむね西洋文明においては、批判、対決、調停という向きあい方が選択され、人為的構成が強調された庭園や、過去の因習的な建築様式からの決別などがくりかえされてきた。これとは反対に、本文でふれられるバリでは、他者は受容や許容、融和の対象として向きあわれることとなる。擬態は、そのような態度のひとつのあらわれといえよう。ただしそれは、一般にみなされるほどには必ずしも単純で寛大なものではなく、巧妙に論理化された戦略であることが見逃されてはならない。

註3「タマンアユン」

タマンアユン寺院は、メングウィ王国の都に国寺として築かれた。世界最古といわれる木造寺院を受けつぐわれわれ日本人からみれば、メングウィ王国の治世が17世紀から19世紀であり、タマンアユン寺院の建立が1634年、さらには改修が1937年であると知ると、思いのほか新しい歴史遺産であることに驚かされる。これがバリにおける擬態の一例であるといえるだろう。バリでは、必ずしも歴史性と今日性とは対立概念ではなく、また古き因習は批判され検証されるべき対象とはならない。むしろ、現代の生活環境が、まるで古くから継承されてきた伝統であるかのように好都合な相貌をもつことで、その都度に歴史が再解釈され、そのときの口調で語りなおされるのである。たとえば有名な民族舞踊であるケチャや、ウブドなどで展示されている伝統絵画などは、1920年代にバリを訪れたドイツ人芸術家の指導のもとで洗練されたものであるにもかかわらず、それらは見かけとしては実際の年月以上に長い歴史を背負っている。もちろんすべての伝統が近代的改変を受けたわけではないであろうが、自らの文化が固有のものであるというアイデンティティとは、たとえば西洋文明という他者との遭遇によってはじめて自覚されるのであり、バリにおいてはそのアイデンティティが、まさに他者がそうあってほしいと望むような仕方に寄りそった様態として選びとられたということは注意すべきである。われわれ日本人が外国に持参する土産物が、ときにわれわれ自身ももはや使わないような硯や髪飾りであるような擬態を、バリの人々は自らの住む土地においてより日常的に、そして自覚的に引きうけているともいえるのである。

註4「アマンダリ」

擬態とは、模すべき対象を見定め、それに身を投じつつ自らを生かすという分析力や技巧が求められるという点で、きわめて知的洗練を要する。それは現代芸術にも通じるような手法であり、たとえばこんにち、自らの肖像写真を古典的名画として擬態するなどのモチーフが着想されるのも同様の論理にしたがうものである。自然や歴史のなかで巧妙な擬態を重ねて築かれた「伝統」に、今度は西洋文化の側からのさらなる擬態が加えられる。それがバリ・リゾートの幾重にも屈折した構造である。その点で、とりわけバリ・リゾートとは田園風景のなかに移植された、都市文化の極致であるともいえるだろう。訪問者はまるで伝統集落そのもののような建物に宿泊し、サービス・スタッフはみな、伝統衣装を身にまとう。宿泊棟の周囲には新たに開墾された稲作地が広がり、まるで現地の農家を訪れたかのような情緒にひたることができる。しかしこれらはすべて舞台装置として設えられたものであり、訪問者もサービス・スタッフも、それぞれの役割を演じることで、だれもが見知らぬ匿名性を獲得するのである。だれもが虚構であることをこのうえなく理解したうえで、その虚構を楽しむのである。その構造は第4章の註で述べた都市の構造と、なんらことならない。

第7章　歴史と今日性を読む

History / Contemporariness

場所の特性をどう読むか、という視点からここまでまとめてみましたが、今度は視点を変え「歴史と今日性（history / contemporariness）」という主題について考えます。「contemporariness」というのは私の造語ですが、それは「今日性」、まさに「現在」でしかありえないことという意味です。ですから、これは「近代性（modernity）」とは違う。その近代主義までを含んだ歴史の総体に対して、それに対置して考える際の今日性ということで、いってみれば、歴史[註1]の総体を現在という時点で微分するとみえてくる営為、それを「今日性」としてとらえてみようと思ったわけです。「近代対歴史」と考えてしまうと、われわれは近代性を肯定しているかのようにみえてしまう。そうではなく20世紀の近代までを含めて相対化してみたいと思っています。

まず19世紀からの大きな流れとしての近代主義、モダニズムはすでに相対化されてしまったというのが私の大きな時代の認識です。建築はあたりまえに社会と連動して状況が動きますから、１９９０年代のはじめにソ連が崩壊する。それ以降、世界全体がスーパー資本主義とでも呼べるような状況になった。ですから90年代初頭くらいで思想としての近代主義、理念としての近代主義は、ひとつの終焉を迎えたのではないかなというふうに思っています。そういう状況が続くなかで、私たちはいったい現在、どんな社会状況を迎えようとしているのかがまるでわからない。だから「歴史／今日性」と書いたことの意味は、20世紀のモダニズム、近代主義さえももう既存の歴史のなかに組み入れられ、相対化されてしまった現在。そんな奇妙な歴史状況のなか、われわれの背中にずっとおおいかぶさっている歴史性と、その逆に現在であること、今日であるということを、どう考えたらいいのか。それぞれがどこか積分と微分[註2]に近似した概念であるかのように考えているけれども本当にそうなのか、そのふたつは本当に対比項なのか、もしかすると対比項とはなりえない概念のセットなのかもしれないとも考えます。ただ、そのふたつを対比項として受けとってしまう個人的な理由が、私にはあります。それはひとつは、私が建築家としてベースとしているのが京都という都市、歴史都市だということがあります。これがもし私自身が東京をベースに仕事をやっていれば、こんな主題を抱えこまなかったかもしれない。ただ意図したかどうかはともかく、京都をベースに１９８０年代の初頭から仕事をしてきたわけですけれど、そうすると否が応でも歴史性と今日性という主題を抱えざるをえないことになる。いや、そのことがようやくわかってきて、とまどいつつ引きうけようと考えているというのが正直な気分かもしれない。それは建築がその場所性や文化を否応なく引きうけざるをえないのと同じように、建築家その人も自分が日常を送っている場所の特性を引きずらざるをえないと考えるにいたったからです。

たとえばニューヨーク、東京、フィレンツェ、京都をそれぞれベースにしている建築家ではまったく違うことを考えるのではないか。よく想像しますけれど、もしも私がローマに生まれて、ローマで建築家をやっていたら、本当にたいへんだろうなと思います。京都でさえ建築家をやっていると、ふつうにそのへんで歴史上の傑作に出会う。そんな環境にいて、今度の自分の新作はなかなかいいではないかとは思えない。それに100倍する傑作が近所にごろごろと転がっているる街にいるわけですから。そうすると、自分の仕事とそれらの歴史上の建築との関係を意識せざるをえない。自分が現在やっていることと、すでに存在している歴史との関係を考えざるをえないわけです。そういう意味でいうとローマなんてもっとたいへんだろうし、パンテオンの横かなんかに事務所があったら地獄じゃないかと思います。そんなところから意識に上がってきたのが、この「歴史と今日性」という主題でした。

もうひとつの理由は、外在的な理由です。自分からというよりは、外部から気づかされたこと。1990年代に入ってから海外、とくにヨーロッパのメディアからの問い合わせのなかで出てきたのが「あなたは私たちと同じ問題を抱えているはずだ」という話でした。それはヨーロッパの建築家が抱えている問題、まわりにあふれるほど歴史的な建築があって、それもすばらしい過去の建築がすでに存在している、その隣で現代建築は何をやるのかという課題。彼らからみると東京の建築はとてもエキゾチックで新しくみえるけれども、京都の建築家はそれとはことなった問題構制を抱えているはずだ、自分たちと同じ、歴史性と今日性の共存という課題を抱えているはずだという問いかけでした。私自身の仕事が日本的、歴史参照的にみえたらしい。

ふたつの理由はじつは同じことではあります。ただ、自分でもうすうす気づいていたことを外部からも指摘されたということで、ついに「京都」から逃げられなくなったというのが正直なところでした。そのときまでは私自身にはそういう視点はなかったのですが、どうせそうみえてしまうのなら、京都の建築家として積極的に歴史と対峙しようかと考えはじめました。

私自身は大学院は建築史の研究室、川上貢先生のところに在籍していたわけですけれども、けっしていい学生ではなかったので、近代をやっていました。伝統的な日本建築とか京都とか、そういうものからは一生懸命逃げていました。ルネサンス以降の西洋建築、そのなかでもとくに近代に興味があったわけですけれども、京都という都市にいる以上そうもいっていられないと覚悟し、ようやく日本建築に目を向けはじめます。大学を離れて10年以上たってから、１９９０年代に入ってからでした。

そんなわけで、逃げつづけていた日本建築より先に、むしろ積極的に西洋建築と出会っています。１９８１年、建築家として独立して最初にやろうと思ったのが、イタリア、それもフィレンツェとローマを訪ねることでした。

私自身の西洋建築に対する眼、ルネサンスに対する眼をはじめて開いてくれた建築は、フィレンツェにあるブルネレスキの孤児養育院という建築でした。私自身この建築をはじめて見たときに、これは偽物だと思ってしまった。19世紀くらいにだれかがコピーを建てたんだろうなと思って、場所を間違えたと思った。それはあの柱の細さと軽快さが16世紀の技術でできたとはとうてい思えなかったからです。あまりに今日的すぎる建築にみえた。地図とガイドブックを確認すると本物だった。この立面を見たときに、だれでも気づくことですけれど、正方形と半円という幾何学、それに考えられないほど細い柱がその立面を支配していることがわかる。純粋幾何学が支配している立面ですが、16世紀の構造技術でこんな軽快な架構ができるとは思わなかったのです。このとき傲慢にも、この広場に立ちながら、ブルネレスキと対話ができたような気持ちになった。5世紀ぐらいの時間を超えて、ブルネレスキが直接自分に語りかけてくるような気がして、建築家という職業の幸せを実感し、結局、現在にいたります。このときに同時に、孤児養育院があまりにも「今日的」にみえたというそのことから「歴史／今日性」という主題に気づくべきだったのですが、1980年代初頭はポストモダニズムの嵐が吹きあれる時代、その「今日性」が、むしろ「近代性」であるかのように錯覚し、すなわち孤児養育院がポストモダニズムに対抗するための武器としてだけ、眼に入ってしまった。この建築が近代主義のみならず、今日性という切り口に大きなヒントをあたえてくれる建築であることに気づいたのは、ソ連が崩壊してからだったのです。

さて、気の重い、日本建築です。

先にルネサンスとフィレンツェで出会い、その後でずいぶん時間がたってから日本建築と出会

図1: 大徳寺孤篷庵忘筌

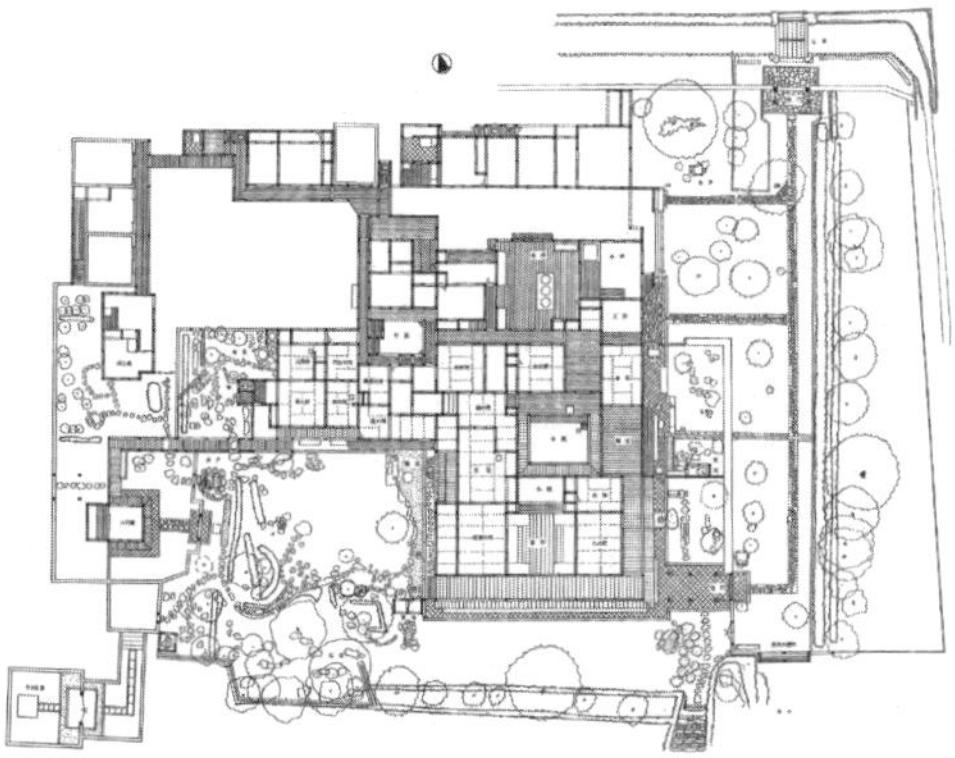

図2: 大徳寺孤篷庵平面図

います。それは「大徳寺孤篷庵忘筌」（図1）との出会いでした。日本建築から一生懸命逃げていた私に、日本建築からそんなに逃げなくてもいい、近代建築やルネサンス、それに現代建築をみるようにみていいと教えてくれたのが小堀遠州だった。さっきの孤児養育院がきわめて幾何学的に構成され、論理的に説明可能な建築として眼の前に出現したわけですけれども、この忘筌も論理的に説明可能な建築であるように思われた。たとえば、室内と庭との関係、その制御のやり方が情緒的にではなく、論理的に思考された結果のように思える。空中に浮遊している障子もそうですが、その障子の位置と軒のエッジの関係、さらにそれからずらされ、2段に分節化されている縁側のエッジ位置、背景となる緑のいかにも舞台装置的な形態と、その背景としての扱われ方。あるいはこの天井の仕上げがふつうあまり使われていない砂摺り天井になっていて、庭方向から入ってくる光、しかも障子の下から潜るように入ってくる光が天井にバウンスして室内に拡散するという光の計画など非常にロジカルにできている。いや、論理的に了解可能にも読めるといったほうが正確でしょうか。まったく日本建築を勉強していない私にとって、とてもわかりやすく思えた日本建築で、孤篷庵が私を日本建築の世界に導き入れてくれた。えらそうに「歴史性」とかいっていますが、その眼を開いてくれたふたつの建築、それが孤児養育院と大徳寺孤篷庵でした。

その忘筌から庭に向かって右奥に入っていきます。

左側から光が入り、雁行しながら奥へとつながっていく空間が続きます。平面的にずれながら、同時に開口部のパターンも変わってくる。一番奥には右に山雲床、左に庭が見える。ここで庭を向くと左側が忘筌の方向になりますが、忘筌からは立体的に見えた庭の緑が、こちら側からは整形されて、さながら緑の壁のように、そっけなく扱われている。小堀遠州という人の舞台装置的な空間のつくり方を思います。

平面図（図2）を見ると、何本か弱い軸がありますが、それが鍵だと思います。ことなったアプローチが何本か、メインのアプローチから分岐する形でとられていることに留意してください。雁行しながら庭園空間を奥に入っていき、そのときの状況とお客様によってそれぞれの格式と対応する入り口が存在するという形式です。

大徳寺孤篷庵を見ながら、建築とは「装置（instrument）」、空間を操作するための装置というふうに考えていました。「機械（machine）」というよりは「装置（instrument）」ではないかと。

しばらく後に今度は「大徳寺真珠庵」（図3）に出会います。ここで衝撃的だったのは、「庭玉軒」という小さな茶室です。その手前に露地庭から続く半屋外の中潜りの空間、内庭（図4）がある。ここがやはり真珠庵の肝だと思います。孤篷庵が現代建築を読みとるようにロジカルに読めていく空間だとすると、真珠庵の空間（図5）はきわめてセンシュアルで、官能的で、ロジックではまるで語れないような空間ではないか。孤篷庵を見て、日本建築がわかったかなとつかのま思った後、真珠庵を見て、ああやはりわからない、語りえないと思ってしまう。

東側の塀が書院側から見るとすごく中途半端な高さになっているのですが、これがなぜそんな中途半端な高さになっているのかというと、庭玉軒に入り、その窓越しに東方向を見たとき、その開口部のベストな位置に水平線が1本すっと入ります。それがこの塀の上端の線なんですね。だから茶室の内部からの景観で決まった塀の高さなのだ、それがずっと南、露地庭方向にのびているということに、最近気づきました。

日本建築は縁側のような、中間的な空間が大事だというふうにずっと思っていました。たとえば「三井寺光浄院客殿」のような、その半屋外空間を成立させるために、そうとうトリッキーに思えるような構造を採用してまで、創りあげる半屋外空間の意味。ですから内外空間を調停する半屋外空間というときに、どうしても屋外＝外部空間寄りにその中間的な領域を考えてしまいがちです。ところが、庭玉軒の内庭のように、どう見ても屋内空間であるところが屋外的に設えられる、しかもそれが本当に圧縮された、小さなスケールで設定されている。外部から内部がグラデーションでつながる、移行的に遷移するというのではなく、それぞれが3種類の独立したアイデンティティをもつ空間としてあるというのは初体験でした。まるで異種の空間ですが、ローマにあるバロックの、「サン・カルロ・アッレ・クワトロ・フォンターネ」というボッロミーニがやった小さな教会がありますけれど、あれの密実な空間を思い出したほどです。

図3：大徳寺真珠庵

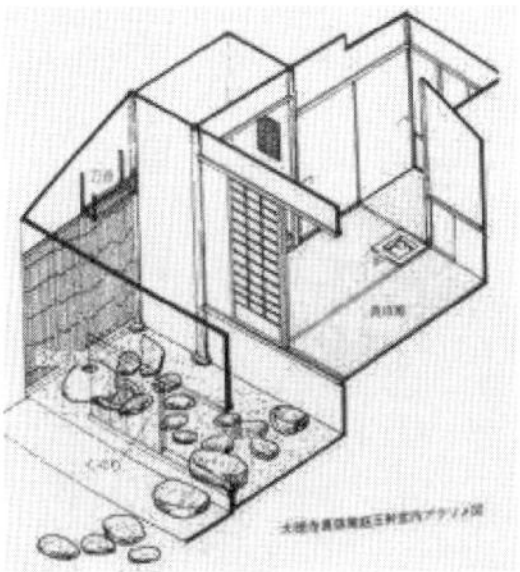

図5：大徳寺真珠庵庭玉軒アクソメ

図4：大徳寺真珠庵庭玉軒の内庭

弧篷庵や真珠庵のおかげでだんだん日本建築に対してのアレルギーがなくなってきた頃、遅ればせながら民家に対して興味をもつようになります。今度は「千年家」(図6)と呼ばれる民家と出会います。それもじつは「浄土寺浄土堂」を見にいったついでではあるのですが。どうにも民家に対しては、今考えると拒否反応があったようです。

最初は民家の空間の何がいいのかわかりませんでした。このとき千年家内部の暗い空間を体験してわかったのは、この前庭というのは光のバウンス面だという点です。地上面に光が反射して、下から上へと向かう拡散光が建築内部に入っていって、その拡散した弱い光が屋根架構とその闇を際立たせるという断面構成。それを見上げながら、書院の平面、6分割の平面構成を思い出しました。平面が南北2掛ける東西3の全体が6分割構成になっていて、南庭は抽象的な庭、北庭には具象的な緑の庭があるというのが一般的な構成でしょう。南庭は、たとえば「龍安寺」の石庭のことを考えてみればいい。あの石と砂だけの抽象的な空間は、内部空間にとっての光の導入という観点からみれば、光の反射面として機能している。庭に光を反射させて、なかにとりいれるというやり方としては、龍安寺の石庭と民家の地面だけの南庭とは同じものだ。そんなことを考えていた。同時に、その光が屋根裏の空間にとっては、奥行きを感じさせる光へと変化している。

日本建築の特徴として語られる外部と内部のあいだの中間領域の存在、それはもちろん弧篷庵

図6：千年家

でみたように、縁側の空間や建具の問題が重要ですが、それだけではないということに思いいたる。南庭の仕上げや緑の有無、軒まわりの構造形式、とくに柱の扱い、室内側の天井や屋根裏のあり方、それに軒の高さ、あるいは低さとその厚みの表現など、そんなさまざまな要素の統合として、日本建築特有の中間領域が実現されているということに千年家で思いいたりました。もちろんそれは千年家だけをみて気づくわけではなく、歴史的にはまるで関係ない弧篷庵やさまざまな現代建築での空間体験の統合的な経験としてある理解なのだと思います。歴史家ではないので、その正確さや実証性はまったく気にしていません。建築家としての経験的結論といっていいでしょう。ですから、ほかの建築家が私と同じ建築体験をしたからといって、同じ結論にはならない。経験が肉体化されるプロセスは建築家によってことなっているでしょうし、その差異こそが建築家としてのアイデンティティなのでしょう。教科書に書いてあることが歴史性ではない。私にそれを教えてくれたのが日本建築の空間だったということです。

日本建築というと、その中間領域も含めて、どこかオープンな建築という思いこみがあったのですが、それだけではないこと、壁の建築もあると教えてくれたのが「待庵」です。しかし待庵、あるいはもう少し広げて茶室、その茶室のもつ意味とは何かということを最近考えます。

歴史的な解釈はともかく、私にとっての日本建築とは何かと考えた場合の茶室の位置づけです。

最近考えるのは、数寄屋というのは機能主義建築ではないかということです。建築が寝殿造、書院造、数寄屋造と変遷していくなかで、数寄屋建築はお茶という要素が建築空間に重要な契機をあたえます。数寄屋が機能主義建築だという意味は、それがお茶の所作に1対1で対応する空間だからです。人間の所作、そのために床があり、そのために炉の位置が決まるという空間のつくり方。寝殿造をひとつの無限定空間、ユニバーサルスペースというふうに考えてみる。ミースとは違うやり方ではありますが。そうすると、そのユニバーサルスペースである寝殿造と機能主義建築である数寄屋とのあいだ、遷移していく過程の建築としての書院造の空間というのが、私にとってすごくおもしろくなってきた。そこでは上段の間が生まれて、付書院がついてという変化が生まれているけれども、たとえば付書院での行動というのは数寄屋での所作ほど限定されているわけではない。数寄屋になると座る位置からそこで何をやるかまでが完全にプログラムされているわけですけれども、書院はそうではない。そういう中間的位置に書院の空間があることに気づくきっかけをあたえてくれたのが茶室でした。

それと同時に教えられたのは、建築空間における素材の重要性です。建築空間の抽象的な「構成」というのが私自身の主題だったわけですが、そこに素材というきわめて即物的な視点が、抽象的な視点と同様に重要だと教えてくれたのが茶室です。小間は極小の空間です。床のみならず、壁や天井さえ、手の届きそうな距離にあります。建築の素材が人間にこれほど近い位置にある建築空間はあまりほかに例がないでしょう。拘置所や監獄を例外として。

壁の空間、しかも土の壁に含まれた鉄分が酸化し、黒く、まだらに色を変えた空間。その素材感の変化が時間の流れとともにあるというのが、ひとつのポイントでもある。それをみせるために、壁の空間としての待庵はあるのではないか。

茶室の内部空間では、光や開口部さえ、素材として考えられているのではないかと感じます。「金地院」の八窓席は開口部、窓がたくさん出てくる空間です。その障子がどんな時に開けられるのか、お茶を嗜まない私にはわかりませんが、内部空間としては、障子は閉じた状態が常態なのではないでしょうか。壁の空間に浮遊する、白く輝く、素材感のない、抽象的な面としての光の表現、それが存在することで、土壁の素材感は対比的に強調される。

どこか日本建築と西洋建築を分けて考えているところがありましたが、それをあらためるきっかけをあたえてくれた日本建築のひとつが、「西本願寺対面所」(図7)でした。これを体験して、これは普遍的な、日本だとか西洋だとかの前置きなしの建築空間であり、それ以外の何物でもないと思いました。日本建築には珍しい柱の内部空間ですし、基本的には軸線の通った対称性のある空間です。床面が地面から浮遊していて、そこに柱の空間があり、屋根がそれにのるという構成。この構成は西洋の古典主義的な建築空間と同じで、しかも柱の空間。壁は副次的要素です。この

図7：西本願寺対面所

図8：西本願寺対面所付書院

柱の空間に出会って、少しずつ日本建築に対するコンプレックスがなくなっていき、この対面所の空間が私に救いをあたえてくれた。現代建築や西洋の古典主義建築をみるように日本建築をみてもいいのだと教えてくれた。基本的に骨格はシンメトリーの内部空間ですが、付書院（図8）がつくことでシンメトリーがくずれかけています。付書院のところに上段があり、向かって右側に障子の開口部が連続する、近代風にいうと水平連続窓でしょうか、それが付書院と上段のところで乱調する。付書院と上段の存在、たったそれだけのことが建築の内部空間をこれほど豊かに変化させる、それが建築なんだと思いました。

「西本願寺飛雲閣」（図9）も同じです。書院の空間で、基本的にはシンメトリーの空間ですが、さきほどの対面所よりシンメトリーがくずされている（図10）ということに気づきます。内部空間としては左側のほうが対称軸より広いけれど、右側は列柱で、空間的には右方向に開いていく。対称という強い形式性と、そこにもちこまれる外乱要素としての上段や付書院、飛雲閣ではさらに床面に開けられた舟入の入り口があり、意図的な対称性のくずしが空間を豊かにしています。

まったく矮小化した余談で申しわけないのですが、このあり方はじつは、自分自身の建築のなかでは、逆の方向で採用しています。現代建築として非対称で構成的につくりあげた全体のなかに、小さな対称軸をひそかに埋めこむというやり方です。

図9: 西本願寺飛雲閣

図10: 西本願寺飛雲閣対面所

現代の数奇屋。京都の数奇屋大工である中村外二工務店と、いくつか仕事をする機会がありました。そこで素材についてこれまで現代建築で考えたのとはことなった視点が存在していることに気づきます。日本建築から学ぶのは空間やデザインも重要ですが、それだけではない。茶室のところで触れましたけれど、素材について考えはじめました。木です。木とはなんなのか、これまで考えたことがなかった。中村工務店の倉庫を見せてもらっても、それでも木がよくわからなかった。いくつか仕事をともにするなかで、ようやく自分なりにわかってきたのは倉庫にあるのは生の素材としての木、これが加工されて建築の素材として建物の一部となるわけですが、それでもじつは、木としては同じありようだ、倉庫にあるときと何も変わっていないものだと考える視点です。

木材を「長い命をもつ素材」と考えること、たまたまひとつの建物のなかで使われたとしても、それは木にとっては暫定的な状態で、将来その建物が解体され、とりこわされることがあれば、木はそこからとりだされ、再度新しい建築のなかの素材として、生きつづけていく。木は建築そのものよりも、確実に長生きする素材として考えられているということです。そういう意味で、倉庫に保存されている材木も、建築のなかで天井や床材として使われている材木も、どちらも暫定的な状態にあるだけという意味で同じものなのです。数寄屋大工さんは、木という材料を長く生かしてあげることを考えているということを私はそこで学んだ。

それとは逆に「仮設的な素材」があります。それはたとえば数寄屋で使う材料では、紙とか土、それに竹といった素材。これはときがたつと地面に戻る、地球に戻る、リサイクルしていく素材だととらえられている。でも、木はそのカテゴリーには入らないのだということに気づくわけです。

現代の数寄屋をみても、このなかで一番貴重な素材はどこに使われているかというのはたぶんわからない。それは天井材です。なぜ一番貴重な素材を天井材として使うのかというと、天井材は加工しなくていい。置くだけでいい。それに長いものが長いまま使え、幅広ければ幅広いまま使える。すなわち木を傷めなくてもいいわけです。ですからこの建築が100年たって解体されるときに、この天井材はきちっとした形のまま、きれいに乾燥され、次の建物にリサイクルされていく。これを知ったとき、日本の伝統建築の持続可能性（sustainability）を知るわけです。

現代建築で持続可能性（sustainability）というと、エネルギーなど、単体の建築にかかわる事象として考えられてしまうけれど、素材とそれと密接に結びついた構法、それに日本建築の生産システムという、総合的な視点から、持続可能性（sustainability）が成立している。大工さんがよく、1000年生きてきた木は1000年使いきらなきゃいけないという言い方をしますが、どうやって木という素材を使いきるか、1000年かけてひとつの木を使いきる知恵といってもいい。現在のわれわれがやるべきなのは、次に使いやすい状態で素材を保存しておいてあげること、建物の形で保存してあげることというのが中村工務店から学んだことなのです。

歴史／今日性（History／Contemporariness）という軸で考えると、モダニズムもすでに歴史です。歴史対近代ではなくて、すでに歴史となった近代主義をどう受けとめるかという視点から考えること、モダニズムの遺産とはなんなのかという視点です。それも思想的な側面からではなく、形態論理という面からモダニズムをとらえると、重要なのは「構成」という概念だと思いつづけています。建築の古典的な構築概念、基壇―主階―屋根という3層構成は重力という要素なしには、成立しえません。近代建築はさまざまな試みとして、建築を重力から解放することを試みます。結果として意図的、あるいは無意識の読みかえとして、「構築（constructive）」を「構成（compositive）」という概念で読みかえるというのが、近代建築におきたことだと思うのです。

同時にその基本となる抽象という概念、建築空間を抽象的な事象としてとらえようという思考の重要性にもまず気づきたい。20世紀のモダニズムが歴史的に意味があるのは「抽象」という概念を芸術に、そして建築空間に導入したことだろうと思っています。それは19世紀まではなかった概念でしょう。そういう文脈で近代を考えようとすると、まずモンドリアンを思い出します。モンドリアンの作品をみるとき、もちろんその構成という概念も重要なのですが、同時に近代という時代がめざした抽象という概念についても教えてくれる。

建築に戻ります。ドゥースブルフのドローイング（図11）です。ここにあるのは建築空間を水平の面と垂直の面で構成することでつくりあげることです。面は重量をもちませんから、この建築は空中に浮遊している。構成という概念は20世紀のオリジナルだと思いますが、その概念がつくりあげた建築です。ここで注意すべきは、建築が古典主義的な構築概念、建築の３層構成から自由になっていると同時に、建築が地球から離れ、重力から自由になっていることです。だからこのドローイングには地面がない。建築がもはや重力の拘束から自由になりえるという夢の形です。重力からいかに解放されるか、というのは近代建築にとってのひとつの大きな主題で、コルビュジエのピロティもその試みですね。

抽象化、構成という視点から、現実に建つ建築作品としては「シュレーダー邸」（図12）があります。垂直の面と水平の面、それに線材とで構成された建築ですが、構成という概念が実物の建築として現実に建ちあがったとたんに、垂直の要素は柱であったり樋であったり、あるいは水平の要素はサッシュの無目であったりするというのがなかなかつらいところです。浮遊する垂直面は機能的には手すりだったりするんですが、逆にいうと、その建築本来の要素のあり方と構成という新しい概念が出会うところ、その不自由さにこそ、シュレーダー邸が提起した問題があると思います。ドゥースブルフのドローイングにはない地面と重力がありますから、建築はそれに抗して建ちあがらなければならない。抽象的な概念である「構成」と、建築が本来的に、それこそギリシャ以降ずっと抱えている「構築」という概念とのせめぎあいが、このあたりから顕在化してくる。本来、具象的でリアルなものである「建物」が「建築」として、メタレベル、高次のレベルで了解されることという、建築が本来的にもつ問題構制にも近づく議論でもある。

同じく抽象化過程のひとつの例として、イタリアのコモ湖のそばにある、ジュゼッペ・テラーニが設計した「カサ・デル・ファッショ」（図13）がある。イタリア的といっていいのか、ブルネレスキの建築、たとえば孤児養育院を思い出してしまいます。抽象化を考えるときに、デ・スティールのように面と線で構成していくというやり方はテラーニはとらない。このカサ・デル・ファッショではプロポーションや幾何学、あるいはくりかえすリズムであるとか、そういう事象が主役になっている。そういう意味ではブルネレスキの建築と同じではないか。

地面と建築との関係もこれまでのものとは違う。古典的3層構成ではなくて、立体グリッドが地表の上に無造作に置かれているという形式。建築がその場所にアンカーされていなくて、たまたまそこにあるという配置と接地のあり方。それこそ立体グリッドがここに転がってきて、コトンと置かれたというふうにしたい。だから、梁と同寸のものが建築の足元には必要なわけで、これがなければこの建築の抽象性は失われて、意味がなくなる。地面から柱が直接生えているのはありえない。そういうふうにテラーニは考えたのでしょう。建築が抽象的であること、20世紀の建築であることの意味ですね。ホールのスカイライト（図14）ですが、ここもおもしろい。梁の上にスラブの断片が置かれたようにのっているディテール。梁とスラブはお互いに食いこまない。

図11：ドゥースブルフのドローイング

図12：シュレーダー邸

スラブは梁の上に置かれているだけで、その隙間から光が入ってくるようになっている。そうした部材同士の関係の分節化の結果、軽快な、無重力化された構成が実現する。

建築における抽象もそうですが、建築という概念がそれ以外の何か、建築以外の概念と関係をとりむすぶことがある。近代建築ではたとえばメタファー、暗喩と呼ばれる関係のとりむすび方があります。建築とメタファーとしての機械、とりわけ船という暗喩はとても重要だったようです。それは機械という近代建築にとっての重要な概念、それは「機能を生産する」建築という視点であったり、機械というものがもっている近代の工業生産システムがもたらす「正確さ」という視点であったりするのでしょう。コルビュジエが言う、「住むための機械」というものですね。ただ、船が特別に機械を代表するかのようにみえるのは、それだけが理由ではない。機能や正確さという視点だけではなく、重要なのは移動可能だということでしょう。それは20世紀はじめに映画というメディアが発明されたということもすごく大きくて、20世紀初頭の「動く」ということに対する熱狂は、たとえばイタリア未来派なんかをみるとよくわかりますし、コルビュジエがサヴォア邸ができたときに、ドキュメンタリーでムービーをとっていて、そういうことでも「動く」ということに対する建築家の熱狂はよくわかると思います。

たとえばトリノにあるフィアットの工場である「リンゴット」、その屋上がテスト走行が可能な

図13：カサ・デル・ファッショ

図14：ホールのスカイライト

トラックになっている建築が新しかったように、船と同様に自動車に対する熱狂もあるわけですが、ここで船や自動車を「テクノロジー」という観点からみると、暗喩という視点からみるそれらとはまたことなった姿がみえてきます。

もう一度、暗喩、メタファーに戻ります。船のメタファーというものが建築をどんなふうに変化させているのかという例で、オランダ、ロッテルダムにある「ファンネレの工場」(図15)をみてみます。

じつは私がオランダで一番刺激的で大好きな建築なのですけれども、これをみると、オランダにおける地面のあり方、それがほかの場所、たとえばルネサンスの建築が建つイタリアとは違うというのが、まず思うことです。オランダというのは人工の土地ですから、まず地面に起伏がない。しかも運河の水平面と地面のレベルがほとんど揃っている。それは何を意味するのか。水面という自然のなかで唯一存在する水平面と、人間が人為的につくった国土であることから導かれる、人為的な水平面である地面がほとんど同じレベルに、接しながら存在していること。そんなランドスケープのあり方はこの国にしかありません。そうすると、地面が人工のものであり、自然の形態ではないのであれば、たとえば古典主義的な3層構成、とくに人工の水平面としての基壇というものは意味を失いますね。国土全体が基壇のようなものですから。

で、この運河に船が入ってくるわけです。それもそうとうに大きな船です。この工場でつくったタバコを船にのせるわけです。ですから建築の形態は工場、配送場兼用の倉庫、そしてそれに接して船が接岸するという全体の構成ですから、係留される船までを含めて、生産工程そのものを形にしたような建築。物流や搬入などの重要なアクティビティはすべて空中でのできごとということになります。建築はそうしたあり方を受けて、船のメタファーがそここにみられるような建築になっている。

同時に、動きを形態化することに対する熱狂もみることができます。工場でつくったタバコがコンベアで動いていくのを見せるブリッジのデザイン。もっというと、機能別の棟に分けて、それをブリッジでつなぐという構成そのものが、機械のメタファーではないのか。

構造は無梁板構造になっていてフラットスラブです。柱がマッシュルームコラムになっている。これは建築特有の柱梁構造をとるのではなくて、船のようなモノコック構造に近似した建築の構造としたかったのではないか。構造／非構造が可能なかぎり判読不可能な構造形式を採用して、船に近似すること。さらにそこにつく照明器具や時計、それに階段やブリッジといった2次的な建築要素はもう本当に船のデザインのままといってもいい。

続いて、コルビュジエのサヴォア邸をみてみます。重力という視点からみると、ピロティで空中に建築を浮かせたいという意思、それはドゥースブルフのドローイングに近似した時代の気分を感じます。サヴォア邸についてはいうべき話はたくさんありますが、重力という視点から考えると、2階のボリュームがヴォイドとして表現されている、という点に気づきます。マッス／ボリュームという区別から考えると、マッスというのは重さのある塊、ボリュームというのは重さのない3次元立体をいうわけですが、サヴォア邸がそこに新しい表現のあり方を導入した。マッスを空中に浮遊させる、重量の重い物を空中にもちあげるというのは、建築表現としてはきわめてわかりやすい。しかし、コルビュジエはそうはしない。空中にピロティでもちあげられたのは、じつは中身のない、ヴォイドなボリュームだった。

もう少しわかりやすい建築だとちゃんと中身が詰まっている、重そうな格好をしているマッスがピロティで浮いているというのがピロティの原初的な形式ですが、サヴォア邸の場合はこの柱がもちあげているものには重さがないと形態がいっているわけです。ボリュームには開口部は開けられているものの、その開口部の内側はテラスで、外部空間です。中身の内部空間はなく、ヴォイドだという表現。ピロティというレトリックがここでは二重構造になっていて、重さのないものをもちあげるという輻輳した建築表現になっている。建築表現が成熟していることがわかります。

蛇足ですが、そうした視点からいうと、ミースの高層建築のピロティと上部のボリュームの関係もおもしろい。ミースの上層階ボリュームはマッスというよりも、むしろソリッドなボリュー

図15：ファンネレの工場

図16：サヴォア邸スロープの空間

図17：リプシッツ・ミスチャニノフ邸

ムとして読まれる。ソリッドなボリューム、それは中身が詰まっているという表現なのに、重量をもったマッスではない、というきわめてわかりにくい、屈折した表現になっている。

サヴォア邸では、スロープの空間（図16）が重要な役割をはたします。斜路というのも動くこと、移動することへの熱狂の表現、近代という時代の表現ですね。動いていくにつれて、変化する風景。コルビュジエの言葉では「建築的プロムナード」。

2階で斜路は内部から外部に切りかわって、そのまま屋上まで上がっていって、ソラリウムで終わります。この斜路は同じ形態のものがふたつ、外部のスロープと内部のスロープが上下に重なっている。さらに空間を複雑にしているのは、階段がその斜路とは90度ふった形で配置され、その90度ふった階段は外部にまで表現されて、タワー状に屋上まで出てくるという、構成的で立体的な形態になっているという点です。水平要素の斜路と垂直要素としての階段。それぞれがことなった形で屋外空間と屋内空間をつなぎあわせていること。この場所にすべての動線要素がからみ、ボリュームのソリッド／ヴォイド、内部空間と外部空間との関係、視線方向の直交する関係などのさまざまな建築要素、人間がその建築空間を体験するための移動空間まで、この建築を構成する空間要素がすべてここに存在しています。サヴォア邸が、たとえば「ラ・ロッシュ／ジャンヌレ邸」などよりもポレミックだと考えられるゆえんだと思います。

内部空間と外部空間の関係、それを別のところでもみてみます。主寝室の前のテラス部分。こここでは屋根をつないで半屋内化し、その奥に外部空間であるテラスがあり、さらにその向こうに完全な室内空間であるリビングルームがあるという構成となっています。そのシークエンスが、外壁の壁面に穿たれた開口部で関係づけられている。このあたりがサヴォア邸は本当によくできている、味わい深いところだというふうに思いますね。

別のコルビュジエの仕事で、近代という時代での、移動への熱狂というのがよくわかる仕事があります。「リプシッツ・ミスチャニノフ邸」（図17）という住宅です。全体がふたつのブロックに分けられていて、外部のブリッジがそのふたつのボリュームをつなぎます。しかしそのブリッジを道路から見えるようにする必要はないにもかかわらず、前面道路からも見えるように配置されている。ここを歩いている人の姿を外にも見せたい、という想いが伝わってくる。機能的にそこにある必要はなくても、その場所にブリッジを配置すること。住宅の内部での人の移動というアクティビティ、あるいはムーブメント、そういうものを表現したかったんだと思います。

ここから自作について、何を考えながら設計したのか、少しまとめてみます。

第4章でも実例であげたプロジェクトですが、紫野和久傳という、小さな飲食店の計画です。ここでは建築の素材というものについて考えました。これはとても小さな建築です。人間と素材との距離が近い。ですから素材をどう考えるかというのは、この建築にとっては重要なことでした。

ざらっとしているか、ツルっとしているか、そういうことをこれまで以上に考えなくてはならないプロジェクトでした。

すでに説明しましたが、この建築は古典的な3層構成です。それこそルネサンスの建築のように1階はルスティカで、考え方としては地下です。したがってここの空間は土と木を主要な素材としました。しかも光は可能なかぎり絞ります。この建築は鉄筋コンクリート構造です。しかしその構造であるコンクリートの壁のそばにフェイクの木材の柱を立てる。フィリップ・ジョンソンの「ピラスター(付け柱)」の話を思い出します。たった1本の木材の柱を立てただけなのですが、自分にとってはジョンソンの言葉や、ルネサンス建築のファサードにつくジャイアント・オーダーの柱までを思い出し、自分を納得させたのを覚えています。だからこの柱の頭は、じつは天井とは縁が切ってあり、隙間があいています。だからコンポジションのためだけに、視覚的な快楽のためだけに立っている柱ですね。構造的にフェイクな柱を立てること、ジョンソンが言った「付け柱も悪くないよ」という言葉が身にしみました。

2階は主階、ピアノ・ノービレです。上階に上がるにしたがって、使用材料を軽いものに切りかえます。2階では基本的に木材と紙ですし、土の素材が出てくるところでは、その壁の端部が意識的に目に入るようにし、壁の薄さを強調しています。

このカウンターもケヤキの集成材、手づくりの集成材になっていて、集成材ではありますが中まで本物のケヤキですから、表面を削ることでこれから何十年間か使うことができる。現代という時代のなかで高価な無垢のケヤキのカウンターを使うのではなくて、同じケヤキでも端切れを集成したカウンターを使うこと。それが現代の和風の素材の扱い方だと考えました。だから材料として高価なものはここにはない。天井は工場製作の左官パネルに紙張りの白い下がり天井ですが、どちらも現代の製作技術、工場製作というプレファブリケーション技術が可能にしたものです。ただ素材感としてはざらっとした土であったり、経年で変化していく紙を張った仕上げであったりという、皮膚感覚をもった仕上げ、抽象過ぎない仕上げを試みたわけです。

「朱雀の家」（図18）は奈良に建つ住宅ですが、これは建物全体を、私、そのなかにある小さな茶室については中村外二工務店とコラボレーションでつくるというプロジェクトです。

ふつうに見なれた都市郊外の住宅街の風景、そのふつうの住宅が連なって建つなか、南側に道路を挟んで中層の公営住宅が建っています。そちらからの見下ろしの視線からどうプライバシーを守るのかというのが主題のひとつでした。東西にふたつに分けたブロックを配置し、それを半階ずつ高さをずらします。中央を中庭とし、その北側には斜路、ふたつのブロックを半階ずつ斜めに結ぶ動線を配置する。南に開いた中庭を公営住宅からの視線から守るため、木製のルーバーを南面に設ける、その内側にリビングへといたる外部の斜路を配置するというのが全体の構成です。ふたつのボリュームを半階ずつずらしてスプリット・レベルの構成としたのは、この敷地の南側の前面道路が東に向かって傾斜して下がっていて、東側では道路面は地盤面からほとんど1層分下がってしまうという敷地条件を解決するためでもあります。しかし同時に、中庭越しに同じ眼の高さで向こう側の人と目線が向きあうと緊張感をもたざるをえないのではないか、向かいあう視線の高さをずらしたいというのが設計者としての私の想いでもありました。結果が現在の形態というわけです。

中村さんと協同で設計した小間の茶室（図19）です。茶室へはその外部のアプローチ斜路を上がるのではなく、中庭へ直接入ると、そこに茶室への入り口があります。

どうみても孤篷庵じゃないかといわれればそうなんですが、なんといわれようと浮遊する障子スクリーンの効果を自分の眼でたしかめないことにははじまらない、そういう気分でした。やはり私の日本建築に対する眼を開いてくれた建築、いや、開いてくれたと自分で考えている建築の真似をするところからはじめたいということです。中庭側のガラススクリーンと障子との距離の関係、障子のプロポーションと寸法、孤篷庵がそうであるように、床の端部と障子の位置関係と奥行きのつくり方、そして最後に向こう側の中庭の風景のつくり方とそうしてつくった風景の切りとり方。私なりの孤篷庵へのオマージュでした。

手水は、ルイス・バラガンの「カプチン派修道院」、その中庭にある水盤の写しです。だれもこ

図19：朱雀の家小間の茶室

図18：朱雀の家

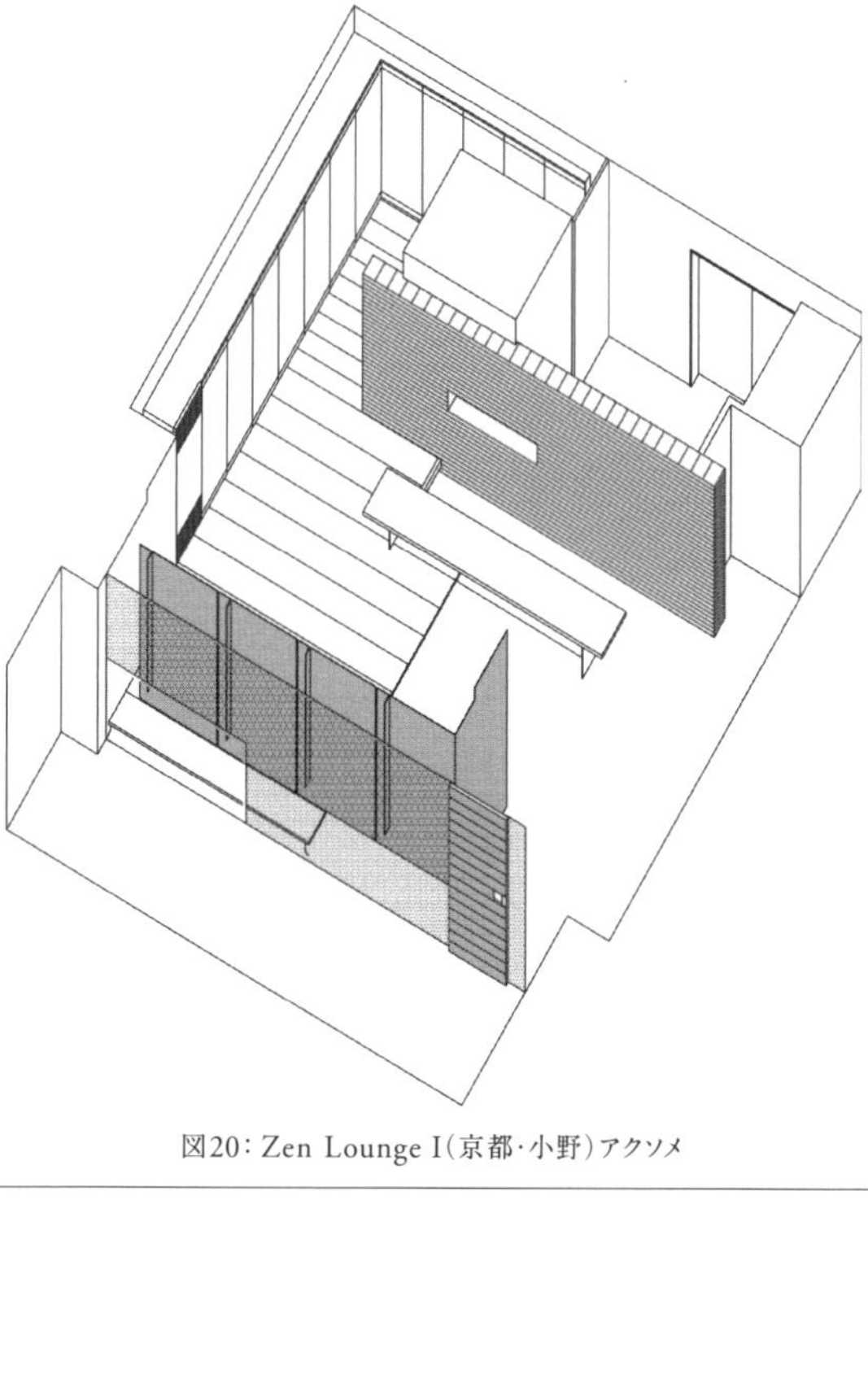

図20：Zen Lounge I（京都・小野）アクソメ

れがメキシコからもってきた写しだと気づいてくれないですが、じつはバラガンの写しの手水。

この茶室をコンクリートとガラスの現代建築のなかに違和感なく埋めこむことがどうすればできるか、言い換えるとコンクリートとガラスの建築との距離のとり方のひとつのケーススタディとして、孤篷庵とバラガンはありました。もうひとつ、住宅のリビングルームからの動線はさきほどの内部のスロープの空間の演出にゆだねます。リビングルームからは下がるにしたがって暗くなり、外部の風景が見えなくなるような、ルーバーでの視線の制御。

中庭経由の茶室へのアプローチとはことなる、リビングから内部の斜路によるアプローチでの光と風景の見え方の制御の仕方。こちらのほうは、コルビュジエの「建築的プロムナード」の自分なりのスタディのつもりでしたし、伝統建築である茶室へのアプローチも、コルビュジエの「建築的プロムナード」というフィルターを通してみるというやり方もあるのではないかと思いはじめたプロジェクトでもあります。

「Zen Lounge I（京都・小野）」（図20）、これは曹洞宗の僧侶だけを対象とした仏具店ですが、それも寺院に必要な備品だけではなく、衣料や身のまわりの小さな装飾品までもを、顧客と相談しながらあつらえるという、ふつう考える仏具店とは少々ことなった販売形態のお店です。商品が展示してある商業空間ではなく、訪れた僧侶と店主がお茶を飲みながら、コミュニケーションをとりながらその寺院や僧侶その人のための設えを考えていく、そんなお店です。

ですから、商業空間のデザインというよりは、コミュニケーション・スペースのデザインといっていい。小さなインテリアデザインのプロジェクトですが、僧侶と店主、たったふたりが会話をするための空間をデザインすること、というのはなかなか大きなテーマでした。ふたりの人間だけが主役として浮きあがる空間、そこで考えるべきは光と影の演出、それに人間と近い距離にある素材の選択、このふたつだけに絞るべきだと考えました。光と影と素材感だけの空間。素材感、それも人間と近い距離にある素材感が重要だというのは日本建築、たとえば真珠庵から教わったことだし、いうまでもなく、光と影というのも同じく日本建築から教わったことですね。それまでは、光があふれ影のない空間というのが自分の空間の特徴だと思っていたのですが、ここではむしろ光をおさえること、影について考えることをやってみようと考えていました。

素材では外光をさえぎるためのスクリーンの素材として黒錆鉄板をはじめて使いました。鉄らしい素材感とは何か、ペンキを塗られた仕上げが鉄ではないだろう、何が一番鉄らしい仕上げだろうと考えて採用したのが、鉄の黒錆仕上げです。

平面的には約20坪くらいのインテリアに壁を2枚建てただけのもの。1枚は天井から吊られた鉄板の壁で軽快に表現しましたから、もう1枚は重量のある、厚さのある壁としたかった。そこで選んだのが、積層した瓦の壁です。これは遠くに寺院の版築の壁や、中国でよく見る瓦の壁のような素材感をめざして採用したものです。その2枚の壁のどちらも、光と影を主役とし、ひそかな素材感だけが感じられればいいという理由から、黒い壁になりました。

瓦の壁では、その瓦を積層するディテール、鉄板の壁では歪をおさえるリブと床をなめながら入ってくる光の演出、床で使用した栗のナグリといわれる仕上げ、わざとツルっと仕上げない、チョウナでラフに仕上げた床、それをきれいになめる光を実現するディテールに気を遣いました。この栗の床材は将来このお店がどうなろうと、リサイクルして次の時代まで生き残っていける素材として採用したものです。一方、鉄板や瓦は朽ちて土に戻ってしまうでしょう。どちらも先に述べたように、日本建築のSustainabilityですね。

このお店は京都市の幹線道路に面しています。前面には広い歩道もある。1階なので大きな開口部が用意されている場所でした。しかしここは曹洞宗の僧侶のためだけのお店だし、しかも予約した方のためだけに開けるという店舗です。ですから、一般のお客様のための空間ではないので、表に対してはなるべく閉じたいという話がありました。しかし、交通量の多い幹線道路の歩道に面して、内部の機能がわからないようなファサードにはしたくないというのが、同時に建築家としての私の想いでした。結果が現在のファサードです。

大きなガラス面のほとんどにはフロストをかけて一部だけ透明にする。そこに、小さな展示スペースを設ける。さらにガラスの内側には黒錆鉄板のスクリーンを天井から吊るし、光は床をなめるように、低い光が内部に入ってくる。結果として内部の人の気配だけが外部に伝わるようなファサード。京都の町家の格子のファサードではありませんが、内部の詳細は見えないのだけれど、雰囲気だけは外部に伝わるような表現をめざしたわけです。

まさに歴史と現在が出会う空間をつくるという仕事をやりました。それは「羽田空港の新しい国際線ターミナル」、そのなかの商業ゾーンのデザインです。チェックインエリアの1階上にあり、これから旅立とうとする人にとっては最後の東京ということになります。成田空港が日本の空港であるとしたら、羽田空港は東京の空港、というのが新しい国際線ターミナルのコンセプトでした。それを受けて、この商業ゾーンは東京の過去の姿である「江戸」と出会う場所と位置づけられました。設計者としては京都の数寄屋大工である中村外二工務店と私ということになり、奇しくも京都のふたりが「江戸」を再現する役目を担うということになりました。

現代の空間、しかもチェックインしてしまえばそこはもはや日本や東京ではない、というのが国際線の空港です。それはまさに「どこでもない場所」。ですから空港本体のデザインもシーザー・ペリを代表に日本の設計事務所のＪＶが担当し、白く抽象的で、光のあふれるアトリウム（図21）という、まさに現代そのものの空間が実現します。そんな現代的で光のあふれる場所に江戸の都市空間のレプリカをつくったら、それはまさにまがいものを白昼の光にさらすことになるでしょう。空港のなかにディズニーランドのようなテーマパークをつくることといってもいい。中村さんとの合い言葉は、それだけは避けよう、というものでした。

中村さんの仕事は江戸の街並みをつくることですから、私の仕事はいかにその江戸の街並みで人を導くか、言い換えると現代的な光のあふれる空間から、少々陰影のある江戸の都市空間までをどうつなぐかというものでした。現代の空間から江戸の空間へとグラデーションする空間、そのグラデーションの部分が自分の仕事だと思いました。

下の階、チェックインエリアから大きなアトリウムのなかの中2階であるこの階へのアプローチは平行に3本とられています。中央のメインのアプローチと左右のサブのアプローチが平行して奥へと向かい、さらに中央には上階へと向かう階段を配置するという与件。

この3本の奥行き方向の動線をそのまま受ける3本の街路をまずつくり、さらにその奥行き方向に直交する同じく3本の街路をつくります。奥行きに直交する街路は一番奥が「江戸小路」(図22)、一番手前のアトリウムにオープンな街路が「空の庭園」(図23)、中間の街路が「仲通り」と名づけられました。手前の「空の庭園」はその名前のとおり、開放的にデザインし、逆にもっとも陰影があるようにデザインされたのが「江戸小路」です。奥に行くほど光を限定し陰影が増し、空間は閉じていき、デザインそのものも現代から江戸へと変化するという構成としました。結果として「江戸小路」は「空の庭園」に隠され、テーマパーク化を避けられます。私のデザインした「空の庭園」はアトリウムにさらされ、チェックインエリアからも見えますから、現代的でありながらどこか江戸を思わせるデザインをまとうことになります。「空の庭園」を散策し、そこを歩いて抜けていくと、「江戸小路」が遠くに見え、ようやく出会う、そういう構成です。

３×３の街路で都市をつくること、しかも手前が庭園状の空間、広場的な空間となってそこから奥に入っていくという形態では、その街路の交差点がデザインとして重要になると考えました。そのコーナーに建つ建築は過去の江戸の建物と、手前では「空の庭園」の現代の建物だったりしますから、その連続性をどう設計するのか、それにそのコーナーにあらわれる入隅、出隅としての建築のデザインがこの小さな都市全体の雰囲気の連続性にとって、きわめて重要になると考えました。まず、「江戸小路」は可能なかぎり、スケールも工法も江戸時代のものにのっとって、中村さんの手で設計されました。私の責任の「空の庭園」、それに「仲通り」はその江戸の街並みを基本として、建物の間口や軒の高さなどのスケールを「江戸小路」にあわせることで、スケール感の連続性を保とうと考えました。

一方、素材はそれぞれの文化背景に誠実であるべきでしょう。「江戸小路」では工法、素材とも可能なかぎり伝統的な方法によるものとし、中村氏は現代の防災規制のなかでの最善の形での伝統の再現をめざしました。私の担当部分は現代の空間にさらされ、同時に伝統的な都市空間への入り口となります。空間の構成やスケールは江戸に学びながら、素材は時代を超えた今日的なも

図21：東京国際空港ターミナルアトリウム

図22：東京国際空港ターミナル商業ゾーン「江戸小路」

図23：東京国際空港ターミナル商業ゾーン「空の庭園」

のとするというのを基本にしました。

木材のルーバー庇でアトリウム下での直接光を限定制御し、壁の素材としては伝統的な左官とアルミの型材を同時に使うこと、錆石や瓦の床材としての採用、逆に法的に閉じざるをえない部分には外部的な状況を実現するためのスカイライトの採用などさまざまです。

もうひとつ、この空間で重要なのは「シンボル」の採用です。空港のチェックインエリアにつながる商業空間という性格上、待ちあわせのための場所を用意することは、この空間にとっての重要な機能です。そのためにいくつかの象徴的な要素をちりばめました。

中央正面奥にある能舞台、「空の庭園」内、向かって右側には布製の旗タワー、左側には庭園の中にいくつも配置された赤い傘と待ちあいのベンチなどです。

さらに、汐留と新橋の関係がそうであるように、都市には昼の顔と夜の顔、ハレの顔とケの顔が必要でしょう。この人工の都市にも、計画中には「のんべえ横町」と呼ばれていた場所がありま す。ほかの場所よりも狭い通路で入り口も少々わかりにくく、アトリウムの光さえ届かないような横町をひそかに準備してあります。羽田にいらしたときに、探してみてください。

註1「歴史」

いうまでもなく、歴史とは時間にかかわる概念である。そして、時間にかかわる概念ほど、われわれにとって謎でありつづける概念はない。われわれがもっぱらかかわる建築思想においても、建築を空間芸術、音楽を時間芸術ととらえ、建築を「凍れる音楽」、すなわち空間化された音楽として重ねあわせる比喩がなされてきたし、あるいは、もはや近代建築史における必読書となった『空間　時間　建築』（S・ギーディオン）のように、やはり空間と時間とを互いに相関する概念としてとらえ、物体の運動の軌跡などを例に、時間を空間における運動性と読みかえることで、この難題についての建築的な咀嚼が試みられた。その後、こうした空間と時間の相関を人間の身体の運動性へと収斂させることで、両者を生の具体的経験における空間的側面と時間的側面、つまりは〈いま・ここ〉として、包括的に論じるような考え方も提示された。建築における前述のような時間概念の変遷をふまえれば、建築の歴史もまた、さまざまなとらえ方をすることができるであろう。前述のような運動性の軌跡としてとらえられる歴史には、明確な始点と終点があり、それら両者のあいだに包含される時点ごとには連続性が保たれている。いわば、因果論的な前後関係によって、歴史をさかのぼったり、あるいは下ったりすることができるという、論理上の可逆性が設定されているのである。ところが一方で、歴史のなかには特異点といわざるをえないような決定的瞬間があり、過去から未来への因果的な連関などではとうてい説明しきることのできない奇跡が訪れることもまた否定できない。本文で言及されるブルネレスキや小堀遠州などの、いわゆる天才が出現するのもまたこうした特異点である。ときに、過去においてはるか先であるはずの未来がすでに予見されてしまっているとしか思えないようなこともあり、あるいは起源以前の起源が見出されることもある。西洋建築史は、いわばすべてギリシャ古典へとさかのぼることができるという連続性に根拠づけられているといえるが、ギリシャ建築の誕生などとはまったく無縁に、ピラミッドやカルナックの神殿は、圧倒的かつ完璧な建造物としてすでに存在していた。今日までの西洋文明にとって、自らの文明が連綿と築いてきたおよそ2000年の時間よりもはるか以前から、地中海の対岸にその横顔を顕示しつづけるギザの大スフィンクスとは、まさに起源以前の起源であり、得体のしれぬ他者以外の何物でもない。今日ヨーロッパの各都市で目にするオベリスクは、こうした自らの歴史にまったく非連続である他者を、断片的であれいかにして自らの文明のなかに組み入れ訓致するのか、その苦闘の痕跡といえるのではないだろうか。歴史においてもっとも起源であるものは、いかなる諸起源にも非連続的かつ非論理的に、つねに先行してしまっているということもまた、時間にかかわる謎に起因するのだといえる。

註2「積分と微分」

上述のような歴史の連続性、非連続性を、本文でいわれる「積分的／微分的」、あるいは本章の表題である「歴史性／今日性」に重ねあわせて考えてみよう。一般的な通念としての歴史においては、時間的な前後関係として過去の建築様式や建築技術が整理され、その因果として、未来のあるべき建築が模索されると理論化しうることはすでに述べたとおりである。現在とは、その因果の結び目として任意に選びだされる観測点としての意味しかもたない。こうして年表のように配列された歴史は、つねに追跡可能な形式として構造化されており、時間がひとまとまりの全体として空間的に俯瞰されているといえる。「積分的」とはまさに、こうした空間的構造化、全体化をさすといえるだろう。一方で、「既在は現存である。／現在は現存である。／到来は現存である。（What was has always been./ What is has always been./ What will be has always been.）」と述べ、過去、現在、未来を超えて「現存」という恒久的な特異点を探し求めた建築家もまた存在することに注目したい。その建築家ルイス・カーンにとって、ピラミッドやカルナックの神殿は建築のあらゆる起源に先行する起源としての憧憬であり、歴史や時間は空間的に構造化され俯瞰されることなく、つねに〈いま・ここ〉に「現存」するものとして、再発見されつづけるものであった。「微分的」とは、いわば時間を空間化しその連続性を担保することよりも、その時々に移ろいゆく傾きとして、あくまでも動的様態のもとにみてとろうとする態度といえよう。このとき時間そのものはいわば凝縮した無限として、けっして計量されることはない。「アキレスと亀」「飛んでいる矢はとまっている」などの有名なパラドクスは、じつは前述のふたとおりの時間理解の相違に淵源する。すなわち、時間の連続性を論理的に理解するためには、これを空間的にとらえるよりほかはないのであるが、このことが逆説的に〈いま・ここ〉の生々しい時間の流れを止めてしまうことになるという矛盾である。論理や秩序の構築とその破綻とは、第1章の主題にしたがえば、まさに建築の存亡にかかわる問題ともいえる。

　以上のような「積分的／微分的」の相違とは、端的にいえば、ほかのだれにも代えられないわが身がそこに置かれているか否かであり、第2章の註でのいい方をくりかえせば、歴史を「他我」とのモノローグとみるか、「他者」とのダイアローグとみるかの違いによるともいえるであろう。なぜなら「他我」とは説明可能な因果、連続性であり、「他者」とは思いもおよばぬ驚異、非連続性であるからである。

　かつてテオ・アンゲロプロスは自らの映画作品のなかで、人生の最期を予期し、母国ギリシャの言葉、歴史、国土をさまよう主人公に「明日の時の長さ」を問わしめた。映画の最後に、主人公はその答えを知る。「永遠と一日」と。永遠とは、過去から未来までのすべてを含んだ永遠なる静止、全体化された時間の墓碑であり、だれのものでもあり、だれのものでもない。その積分的な総体を引き受けつつも、つねにそこから逃れつづけ、微分的に新しい現在を開きつづける一日を生きることにこそ、天才たちとのダイアローグは訪れる。建築が、建築作品として、われわれの眼前にかりそめにでも結像するのは、ここである。

第8章　概念としての構造について

Idea of Structure

ここでは「構造」のことを考えてみたいと思います。建築の「構造」といってもその文脈によっていろいろな意味合いがあって、まず最初にだれでも考えるのは、物理的な構造のことであり、どうやって物理的な建築要素、床や屋根を支えるのかという意味での「構造」です。それからもうひとつは、その物理的な構造とはまったくことなった姿として現前する場合もあるのですが、空間の「構造」です。このふたつは分かちがたくひとつの建築のなかに存在しています。

それともうひとつ「構造」の概念について考えるときにもっとも重要なのは、建築という概念そのものが、そのふたつの構造概念よりも高次の構造概念としてあるということではないでしょうか。「建築」がBuildingではなくてArchitectureという、高次のメタ概念としてあるので、そこには「構築性」だとか、「秩序」だとか、いわゆる建築を物理的に記述する構造や、幾何学を代表とする空間構造の上にある上位概念が議論の俎上にのらざるをえない。[註1]

primitive hut、すなわち「原始の小屋」[註2]という概念があります。建築の始原というような概念ですね。本当に歴史上、そういうものから建築がはじまったということではない。建築の原型、始原的な姿を求めるという思考が出てきたという時代背景のほうがおもしろい。18世紀から19世紀にかけて、本当に「原始の小屋」というものが概念として立ちあがり、建築の始原的な形とはなんだろうか、ということを考えざるをえない時代にいたったということのほうがおもしろいと思います。このあたりから、建築という概念が、どうも高次の概念としてとらえられはじめたということではないのか。

ここから、近代に遷移します。

20世紀になっても、さまざまな建築家が、それが建築家としての性癖であるかのように始原の形（archetype）を求めます。たとえば、コルビュジエは3つのプロトタイプ（prototype）を提示します。ここでいうプロトタイプとは、原型への試行というよりは「普遍性をもつ個別解」とか呼べないものの呼称として使っていますが、そんな個別解を考え、その後にその解に普遍性をもたせたいと考えるという思考は、20世紀的ではないでしょうか。もはや、始原の形（archetype）の存在を想定しえる時代ではないという時代認識。同じように、19世紀のarchetype思考と陰日向の関係にある類型学（typology）も20世紀の到来とともに、勢いをなくします。類型学（typology）が再び力を得るのは、その近代の見直しの時期、ポストモダニズムの時代の到来をまたなくてはいけません。[註3]

コルビュジエに戻ります。コルビュジエが提案したプロトタイプ、それは、ドミノ（Dom-ino）とシトロアン（Citrohan）とモノル（Monol）という3つ[註4]です。くりかえしますが、この3つをarchetypeではなく、prototypeと呼んでいるのは、それぞれが柱とスラブ、壁、それに屋根などの既存の建築要素の存在に疑問を提示するのではなく、それぞれがすでに存在する建築の概念として、アプリオリに受け入れていることによります。いわゆる「原始の小屋」の議論までは戻らない。「原始の小屋」には、柱、床、屋根のように「見える」ものは存在するものの、それらはまだ、柱、床、屋根そのものではないわけですから。

有名なドミノ（図1）ですが、これをピーター・アイゼンマンは「床のスタイル」と呼びました。これをもう少し抽象度を上げた言い方をして、水平に空間が層状化していくプロトタイプの提案であるというふうに考えると、より概念として汎用性が高く、使い勝手がいい。よくいわれているることですが、ドミノには梁がない。すなわち柱梁構造（post and beam structure）のモデルではなく、梁（beam）が抑圧されている。しいていうとslabとpostでもつフラット・スラブの構造モデルと考えてもいいけれど、むしろそんな物理的な構造の概念モデルではなく、これは空間構造としての概念モデルと考えるほうが自然でしょう。床のモデル、水平の層状化のモデルとしてコルビュジエは考えていた。

ではシトロアン（図2）とは何か。

ドミノに比べると、現実的な住宅の計画ですね。その現実的な計画のかなたに、コルビュジエの考え方がみえてくる。ピーター・アイゼンマンはこのシトロアンを「壁のスタイル」と呼びます。ドミノと同じく、少し抽象度を上げて考えると、ドミノが水平に層状化する空間のプロトタイプの提案だとすると、シトロアンは垂直に層状化する空間のプロトタイプの提案だと考えていい。

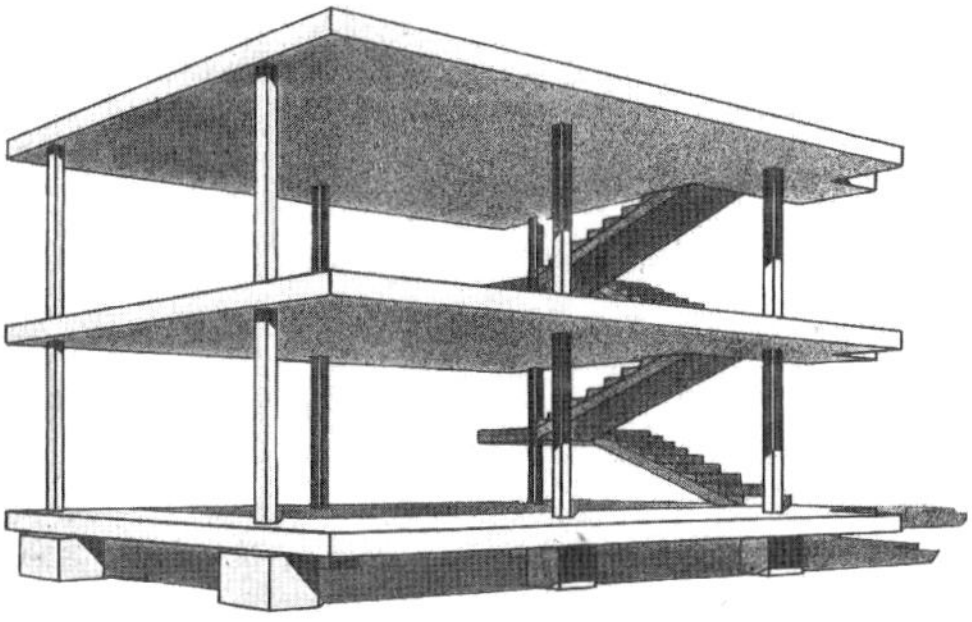

図1：ドミノ

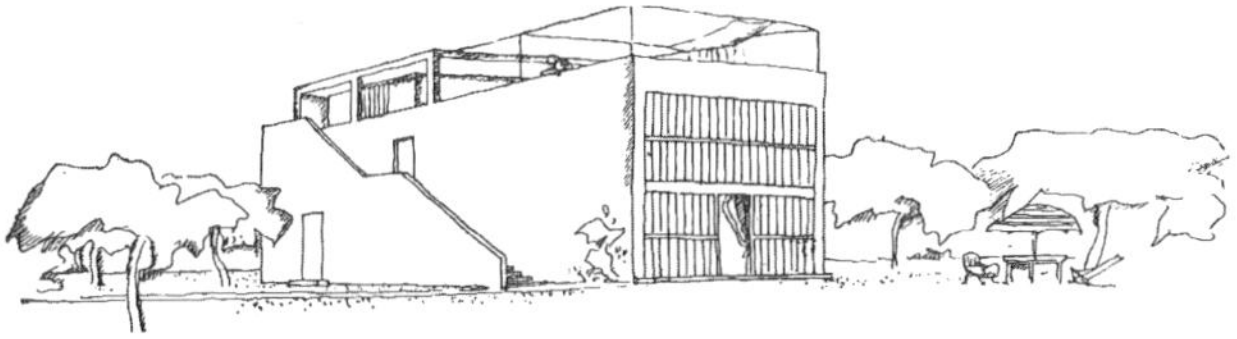

図2：シトロアン

図3：モノル

この具体的な建築提案であるシトロアンを、左右方向には3枚の面の層状化、あるいは大きく2層に層状化する空間構成のなかに、さらに弱い垂直の層が存在する空間として提案されていると考えること。さらに奥行き方向にも垂直の層状化があって、何枚かのレイヤーを読むことができる。

ところで、モノル（図3）です。モノルというのは先のふたつと違って、なかなかむずかしい。コルビュジエのプロトタイプをドミノ、シトロアン、モノルの3つというのは富永譲さんです。私は、というよりも私が参照しているピーター・アイゼンマンは、シトロアンとドミノのふたつが基本となるプロトタイプとしており、そこから考えると、私はモノルはドミノか、シトロアンのバリエーションだと考えていました。それ以降、いろいろ考えて、建築における「屋根」の重要性が自分の気持ちのなかでだんだん大きくなり、モノルをもうひとつの原型的なもの、建築における「屋根」のプロトタイプと考えてもいいのかと思っています。

しかし、少しドミノ、シトロアンとは意味合いが違っている。ドミノ、シトロアンというのは建築総体の空間構造の話であり、それぞれ水平と垂直の空間の層状化というプロトタイプですが、モノルの場合は「屋根」という抽象度の低い、きわめてリアルな建築要素が対象であり、むしろ祖型帰りに近い。だからどちらかというと「primitive hut的」ですね。基壇、柱、屋根という、古典主義的構成に近づいてきて、せっかくドミノとシトロアンのところまで、抽象的な次元にまで20世紀の近代建築が来たのに、ここに来てまで近代建築が「屋根」に支配される、というのを認めるのが私はいやだったので、モノルというのをプロトタイプのひとつとしては認めがたいなと思っていたわけです。そうはいっても、かのコルビュジエでさえ基壇、柱、屋根という形式から逃れえなかった証左としてモノルはあるのではないかとも考えられる。それだけ「屋根」というものがもつ支配力は大きいということです。

続いて、post and beam structureです。われわれの時代、近代の主役になっている素材、コンクリートや鉄、それも鋳鉄ではなく圧延鋼という素材とともに出てくるのがpost and beam structure、柱梁構造ですね。構造解析しやすく、最小限の素材で最大限の空間をつくり、したがって経済性もある構造、すなわち合理性に基づく構造形態であるという点。それともうひとつは柱梁構造がやはり20世紀的であったのは、3次元のxyz座標系、カルテジアン・グリッド、デカルト的な3次元座標系、xyz方向の空間を表現するのに使いやすい構造形式だったということがあると思います。すなわち、物理的な構造と空間形式としての構造が一致する建築を構想しやすいということでしょうか。しかし、それは柱梁構造を採用すれば、自動的に空間構造の形式と一致するということではありません。建築をその方向に導きやすい構造形式であった、合理性に基づく近代の建築として、解答へとたどりつきやすい入り口であったというのにすぎません。

われわれは日本にいますから、柱と梁の構造に長いあいだ親しんできた。しかし、近代という時代の到来とともに、ヨーロッパで柱梁構造が出てきたときには、それは革命的なことだったのではないかと想像します。構造が壁から解放されるということがありますから、それこそピラスター、すなわち付け柱の柱表現に頼らなくてもよくなった。しかし残念ながらというか、幸いなことにというか、われわれは木造建築の伝統のなかにいますから、柱梁構造というのはまったく新しいものではない。むしろきわめて身近なものだった。たとえば書院、西本願寺の対面所の空間。

これは前もいいましたけれども、日本建築の空間としては珍しく柱がきちんと存在を主張する空間としてある。柱梁構造の、日本的な文脈にとっての原型的な形式というのは、たとえばこういう空間なのではないかと思います。

くりかえしになりますが、あらためてまとめます。対面所をもう少し詳細にみると、そのpost and beam structureに外乱が入ってくる。寝殿造的なpost and beam structureというユニバーサルな座標のなかに、上段の間であるとか、付書院であるとか、外乱要素が入ってきたものを書院と考えるということ。そうした外乱の導入を近代の文脈とは違う使い方ですが、「機能」と呼んでもいいのではないか。とにかく、そうした外乱が入ってきて、xyz座標系がひずみはじめる。対面所の向かって右側の開口部の変形をみればいいし、その典型的な例が同じ西本願寺に建つ飛雲閣です。

対面所と同じように壁面に外乱が表現されるだけではなく、舟入という形で床面にも変形が導

図4：香川県庁舎

図5：代々木屋内競技場

入され、屋根も内部の空間と関係があるようでないような形態のものが上にのっている。ちなみに、舟入はxyz系の直交座標系の空間に導入された斜め方向の外乱ですね。物理的な構造はひとつの空間秩序を守っているにもかかわらず、空間形式の構造がそれから離反しはじめている好例、物理的な構造と空間の構造の関係を考えるとき、西本願寺のこのふたつの建築はさまざまな可能性を教えてくれるのではないでしょうか。

近代の日本での柱梁構造の展開の可能性を考えるとき、丹下健三の「香川県庁舎」（図4）を思い出さなければいけない。柱梁構造とコンクリートという素材が出会った建築としての香川県庁舎。現在の眼からみると、少々構造表現主義的にみえないかという批判はあるかもしれませんが、そういう批判が出てもいいほど、物理的な構造、空間構造、それに素材の表現がひとつの極に達した建築ではないでしょうか。

丹下健三のすごいところは、その一方で「代々木屋内競技場」（図5）をつくるところです。この作品では、丹下健三は柱梁構造の呪縛を軽々と飛びこえてしまっている。

香川県庁舎では空間構造の要請から物理的な構造表現がおさえこまれている。「おさえこまれている」というよりむしろ、物理的な構造表現以上にドラマティックな表現まで昇華させられているのに対して、代々木屋内競技場では物理的な構造にプライオリティをあたえているにもかかわらず、それがもたらした3次元空間を、空間構造の表現として完全にとりこんでいるということです。簡単にいうと、代々木では物理的な構造表現と、空間構造としての意匠表現が幸せな結婚状態にあるということでしょうか。代々木の内部空間を見ると、ひとりの建築家がこんな内部空間とあんな外部空間を構想しえて、それが技術的にも実現され、構造的合理性ももちあわせているること、それがきわめて短期間に実現したというのは、ほとんど奇跡のようなできごとではなかろうかと思います。

しかし、代々木はともかく、われわれは現実的な課題として、その柱梁構造をどうやってのり越えていくのか。そこでプラティカルな構造、物理的な構造にもう一度戻らざるをえない。均等ラーメン構造以外に、近代の先達たちの仕事をみてみること。たとえば「トロハ」（図6）。

シェル構造とは何か。力はxyz軸方向に流れるわけではなくて、垂直力と水平力に分けると考えやすいというだけにすぎない。それをそのまま構造表現としたのが、均等ラーメン構造。そんなふうに力をデカルト的に分解しないで考えようとすると、みえてくる構造があるのではないか。そのひとつが、シェル構造なのではないか。

またフライ・オットーのワイヤーとテント構造（図7）も示唆的です。代々木もそうだし、このフライ・オットーの構造もそうですけれど、引っ張り（tension）を受ける要素を導入すると、まったく新しい空間構造がみえてきたのではないか。曲げと圧縮に耐えるのが構造だと思っていたところに引っ張り（tension）という概念、軸力を導入する。tensionを導入すると、これまでのpost and beam structureとはまったく違う形で空間を生みだすことができるのではないか。

15世紀にルネサンスの建築空間を劇的に変えたのも引っ張り材、鋳鉄のタイバーだったことを思い出します。そんな鋳鉄と圧延鋼が建築をどう変えたかについては、この後でまとめます。

テント構造はtension structureですから出てきたときはすごくアバンギャルドだったわけですけれど、すぐに一般の人に身近なものになってきます。たとえば高級リゾートホテルの宿泊パビリオン（図8）の構造として採用され、自然との距離の近さを表現するメタファーの役目を担っている。セレブリティのファッションとしてのtension structure。さながらサファリに出かけたような気分になれる空間でありながら、24時間フルでエアコンが効いていて、いつでも涼しいというもの。アバンギャルドだった構造が、イメージの引用装置として使われるという構造のあり方。このテントは二重になっていて、そのあいだに断熱層がもちろんとってあって、機能的なところでは普通の屋根と同じ性能が確保できています。

一方で、建築のあり方を「原始の小屋」ではないところに求める方向もある。たとえば、中国のヤオトンのような斜面に穴を掘った横穴住居やカッパドキア。こうした実例はpost and beam structureとか、xyz座標系とか、そういう抽象過程とはまるで関係なくて、要するに自然のランドスケープのなかに地中住居としての横穴住居をつくることであり、それがその

図6：トロハ

図7：フライ・オットーのワイヤーとテント構造

図8：アマンワナの宿泊パビリオン

場所の環境条件から最適の形式だった。そういう意味では、限定的な建築の形式かもしれない。土圧を受けて天井高をとるためには形状は必然的にアーチの断面になるという、別に構造家が計算したわけではなくて、自然と経験がつくりだした、しかしもちろん合理的な空間の形と構造。その場所の環境と文化がつくりだした建築形態。

柱梁構造やシェル、テント構造までを含めて、それらが「原始の小屋」からはじまる竪穴住居、すなわち「屋根」をどう支えるのか、ということを始点とする建築空間の近代的な翻訳形式であるとすれば、もうひとつ、ヤオトンなどに代表される「横穴住居」系の展開が一方で可能だろうとは思います。しかし、横穴住居系は地表面の形をその一部として使わざるをえないため、その場所の環境条件に依存せざるをえない。世界中のどんな環境条件、文化環境であっても成立し、展開可能な形式を模索してきた近代建築にとっては、範とはできない形式であったのでしょう。しかし現在、そんな近代建築の夢が破算したことが明白なとき、建築は個別的な解答、マイクロランドスケープやその場所の環境に個別対応するプロトタイプを志向せざるをえない。そんなとき、ヤオトンやカッパドキア、それにエローラやアジャンタなどを新しい眼で見直すべきではないでしょうか。われわれの過去にはあらゆる可能性の萌芽がすでに存在しているのだから。

ここで切り口を変えて「鉄」という素材の意味を考えてみます。構造素材が建築空間そのものを逆照射してくれるのではないかという模索です。これからの話は定説でもなければ、構造的な裏づけのある話でもなく、自分自身の実体験のなかから学んだ鉄、鋳鉄／圧延鋼（iron/steel）というものの歴史です。

ル・トロネからはじまります。柱と壁の項でも引っ張ってきましたけれども、やっぱりル・トロネは空間の原型的なところがあって、つねにここからスタートせざるをえない。柱と壁が分離する以前のきわめて原型的な建築空間の魅力。構造的理解、すなわち力の流れを分析的に読みとるという思考以前の、経験的な構造の建築でしょう。

そして、何回もとりあげていますけれども、ブルネレスキの孤児養育院です。以前は幾何学の話で、正方形と半円の抽象化、建築が幾何学に近づいていくことという話でした。今回は、それを実現した、柱の頭をつないでいるタイバーという構造要素です。もちろん圧延鋼（steel）はまだ生まれていない。鋳鉄（cast iron）です。鋳鉄の時代ですけれども、引っ張りを受ける構造部材としてのタイバーが導入されることで、建築の柱が突然細くなり、抽象度の次元があがる。フィレンツェのドゥオモ、「サンタ・マリア・デル・フィオーレ」ですが、あれに屋根を架けたのがブルネレスキですけれど、屋根もなかに鋳鉄（cast iron）のリングが入っていて、ドームが広がっていこうとする力に鋳鉄のリングが抗して、すなわち引張材を導入することで成立するようにしている。だからルネサンスの建築というのは極端な言い方をすると、鋳鉄（cast iron）が導入されること。引っ張り力の存在の理解という分析的思考とその引っ張り力に抗する鉄という素材の発見で、ルネサンス的な明晰な空間が実現できたといってもいいのではないか。鋳鉄の出現で、空間の抽象度が上がり、中世に決別できたのではないでしょうか。

同じ孤児養育院の回廊の空間をル・トロネと比較すると、このタイバー、鋳鉄がどれだけ空間のプロポーションと光の入り方を変えたかというのがわかると思います。タイバーがない時代は石の構造体で水平力も垂直力ももたせるわけですから、構造体はごついものになり、当然光と影のコントラストの空間になる。だけどルネサンスになると、床面を見て比較するとわかるけれど、光に満ちあふれています。柱ももうほとんど線のように細くなり、光と影というよりは、明るい光の面のなかに黒い線が何本か垂直に入っているだけというくらいに抽象度が上がってくる。その変化こそが鋳鉄（cast iron）が可能にしたことですね。

19世紀に飛んで、オックスフォードの「自然史博物館」。これは大学の博物館なので、あたりまえのようにゴシックのスタイルをとります。外観だけを見るとどうということはない、本当にふつうのネオゴシックの19世紀の建物のように見える。ところが内部（図9）に入ると、ぜんぜん違う空間が実現している。ふつうはスレートで葺くべき屋根をガラスという素材で葺くこと。それからふつうは石造でつくる構造体、ヴォールトを鋳鉄（cast iron）とすること。その2点がふつ

図9：オックスフォードの自然史博物館内観

図11：リライアンスビル

図10：モナドノックビル

うのネオゴシックの校舎と違っています。その結果、空間のプロポーション、大きなプロポーションはゴシックであるにもかかわらず、そこに新しい素材としての鋳鉄（cast iron）の構造体と、スレートの屋根材の代わりにガラスの屋根材が導入されただけで、空間は大きく変わる。大きなプロポーションはゴシックのものですけれど、柱のプロポーションや入ってくる光がまるで変わってしまう。それは建築における素材の力の再認識といってもいい。

同じようなことがシカゴでもおきている。シカゴ派、要するに鉄の柱梁構造（frame structure）がはじめて近代建築に大々的に導入されるのがサリヴァンをはじめとしたシカゴ派なんですが、ここでみたいのは、同じ建築家の手になる組積造スカイスクレーパーとcast iron structureのスカイスクレーパーを見比べてみようというものです。バーナム・アンド・ルートというシカゴ派の建築家の、シカゴ派最後の組積造高層ビルの「モナドノックビル」（図10）というビルを見ると、窓も小さく、柱も上に行くとだんだん細くなる。開口部はだんだん上に行くと大きくなる、そういうビルです。もうひとつは鉄骨造の「リライアンスビル」（図11）ですが、このふたつを比較すると、構造材が細くなり、開口部が大きくなること、それにともなって光の質が変化していることがよくわかります。さきほどのル・トロネと孤児養育院の比較と同じことがここでもおきています。ただ付言しますと、では新しいからそのリライアンスビルのほうが建築的にすばらしい作品かというと、そんなに簡単に結論づけられない、新しいからいいのだとはいえない、というのが建築のおもしろいところですね。

ミースのバルセロナ・パビリオン、あるいはファンズワース邸をみると、これはもう、鋳鉄ではなく圧延鋼の世界です。光と影の影をどんどん抑圧していって光があふれる空間が出現する、柱はどんどん細くなって抽象化し、一本の線のようになっていくけれども、ミースの場合はその柱に断固として、「鉄」という素材の表現をまとわせる。けっして、柱を抽象的なだけの線にはしない。どんなに細くなっても、柱は柱でありつづけることという意思表明が、ミースのあの柱、たとえばバルセロナ・パビリオンのクロームメッキの柱カバーの意味でしょう。

ここから圧延鋼、工場でつくりだす規格品としての圧延鋼の時代に入ります。その圧延鋼がもっとも建築の姿を変えた例はピエール・コーニッグの「ケース・スタディ・ハウスNo.22」（図12）、ロサンゼルスに建っている1960年代はじめの建築にみることができる。

これの何が新しいのか、どこがミースと違うか、というと、このケース・スタディ・ハウスNo.22では、どの垂直部材が柱で、どれがサッシュなのかわからないくらい、柱は細くなっている。結果として構造としての柱、建築の1次部材である柱と、2次部材でしかないサッシュが同じ大きさ、太さになってしまうということ。鋳鉄（cast iron）から圧延鋼（steel）になることによって、本来は空間の主役ではない2次部材である金属製建具、たとえばアルミサッシュと、柱がほとんど同じディメンションになってしまう。これは20世紀にいたるまではあまりおきたことがない事態ではないか。1次部材と2次部材が同じような大きさの歴史的建築はこれまでなかった。逆説的な言い方をすると、鉄というのは構造部材としては「強すぎる」素材なのではないか。強すぎるからこそ、アルミサッシュと柱が同じサイズになったりする。

ここにいたると、柱とサッシュという部材や素材の違いさえ無意味になり、どちらもが夕暮れのロサンゼルスの風景を切りとる細いフレーム、たんなる枠線へと縮退しているのではないか。そんな「強すぎる」素材がはじめて可能にしたことがある。それは「香港上海銀行」（図13）の建築です。私はこの建築は、建築の歴史のなかですごく大きな意味をもつと思っているのです。

建築をまず3次元の立体だと考えると、立面が4つ、それに屋根面と底面があります。建築を直方体だと考えると、面を合計6つもつわけです。けれども重力という、建築を決定する重要な要素があるので、建築は地面に接地せざるをえない。だから一般的な建築には5つしか立面図がない。4つの立面図と屋根面です。この香港上海銀行は建築の歴史上はじめて6つ立面をもった建築です。4つの垂直立面をあたりまえにもち、上からの屋根伏せという表情ももちろんもちますが、さらに香港上海銀行はピロティで建物全体が空中にもちあげられているので、パブリックな空間であるピロティの広場から見上げる天井面という立面、この6番目の立面図をもっている。それに広場からのアプローチはこの第6の立面に突っこんでいくエスカレータですから、もっとも重要な立面こそ、このピロティの天井面、第6の立面かもしれない。さらに内部のアトリウムの空間から下を見下ろすと、この立面を透過して広場を行く人々が見える。通常の垂直の立面と同じように、内側から外への視線が重要な位置を占めており、この建物の底面は6番目の「立面」として構想されていることがわかる。

建築の内部空間が6つの立面をもって空中に浮遊し、そのことでコルビュジエが夢想した、完全にパブリックな空間としてのピロティがはじめて実現できたこと。そんな破天荒な構造を可能にしたのは、自重を支持するだけで精一杯のコンクリートではなく、鉄という「強すぎる」素材ではないでしょうか。

建築における鉄の意味を考えるとき、自動車の構造形式の変化がまた別の視点を提供してくれます。

2台の車を比較します。1台はブガッティのタイプ35というきわめて美しいレーシングカーで、もうひとつはチシタリア・クーペという車です。ブガッティには鉄のフレームがあり、それにエンジンをはじめとするメカニズムがとりつけられる。外皮のボディは好きな形でそれにのせることができる。ですからボディの外皮は構造ではなく、建築でいうカーテンウォールと同じように、力を受けない外皮として考えられている。同じフレームにのせるボディは屋根のないオープンでもいいし、屋根つきのクーペ・ボディやさらには、タイヤが隠れるような流線型のボディをのせたりなど、好きな形状にすることができる。それは構造と非構造がきれいに分かれているからです。

チシタリア・クーペはニューヨークの近代博物館に保存されている、現代の自動車としてはじめてモノコックの構造を採用した自動車です。モノコック構造、それはそのボディ外皮そのものが構造体であり、鉄製のフレームをもたない構造です。現代の車は四輪駆動車以外はほとんどそうなっています。外皮そのものが構造体であり、構造と非構造というものが区分できない形態、ボディ全体で成立するボディ構造であり、さらにいうといわゆる「意匠」と「構造」、一般的には同時に解決できないこのふたつのことを同時に、しかも不可分に設計するというプロセスからでしか生まれえない構造なのです。

これはさきほどのケース・スタディ・ハウスNo.22の1次部材と2次部材、構造と非構造が同じディメンションになった建築からはもうすぐそこです。ブガッティ・タイプ35や一般的な近代建築のように、構造と非構造が分かれているものは手計算で構造を解析する時代のものですが、モノコック構造になると要素数が多くなるのでコンピュータでないと解析できない時代に入ってくる。でもチシタリア・クーペ、これはコンピュータがない時代にモノコック構造、面が力を受ける構造を試行錯誤しながらやったものでしょう。建築も構造・非構造の近代からコンピュータの現代へと、自動車から30~40年おくれで移りつつあります。1960年代はじめに出現したチシタリア・クーペの建築版はようやく今、姿をあらわしつつあります。

図12：ケース・スタディ・ハウスNo.22

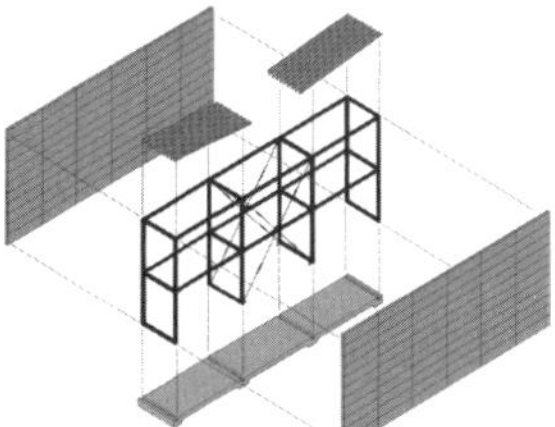

図14：KIM HOUSEドローイング

図13：香港上海銀行

ここから自分の仕事を通して、構造やそれと不可分にある工法のことをどんなふうに考えているかをみていきたいと思います。

最初は「KIM HOUSE」（図14）という、1987年に竣工したプロジェクトです。このプロジェクトは鉄骨造を構造、工法の両面からとらえなおすことで、敷地条件や要求にあった建築を考えようとしたものです。

敷地条件との対応、それはたとえると、On-Site／Prefabricatedという文脈ですが、面積は20坪を切り、間口が3mを切ったいわゆる「鰻の寝床」の敷地、しかも元は池だった場所で、地耐力が期待できないというむずかしい条件の敷地でした。

すなわち可能なかぎり軽い建築であること、敷地全体に平均的に荷重の掛かるような、重量が万遍なく分散した建築形態、結果として軽便な基礎形状が可能なこと、できればコンクリートスラブ程度の足元であること、そしてローコストであることはもちろんです。重量と構造強度の関係から、鉄骨造であることはアプリオリに決まりました。そこで、さながら自動車を工場でつくるように、工場で建築の部品をつくり、それを現場でアッセンブルすることで建築をつくりたい、そんな工法を考えようというのが最初に考えたことです。

数年前、ニューヨークの近代美術館でHome Deliveryという展覧会がありました。それは近代建築におけるPrefabricationという主題に焦点をあてた展覧会でした。要するに工場でつくって

deliveryする。home deliveryというのは、「住宅を宅配する」ということですよね。幸いこのプロジェクトが選ばれてニューヨーク近代美術館に展示されましたが、ほかに選ばれたプロジェクトのほとんどのものとことなっている点がありました。それはその展覧会のほとんどのプロジェクトは普遍的な解答としてのprefabricationを志向したものでしたが、このKIM HOUSEはやむにやまれぬ敷地条件に答えるための解答として、この場所でしか成立しえない個別解としてのprefabricationを考えたものだったという点です。

すべてのものを等価に扱い、assembleするというディテールは意識的に眼に見えるようにデザインしてあります。いや、デザインしたというよりも、意識的なノン・デザインの方法論といったほうがいいでしょうか。階段も工場で製作し、できあがったものをもってきてとりつけるだけ。そのためには階段の重量、サイズ、前面道路の幅など、すべての可能性を検討しました。

「下鴨の家」（図15）もKIM HOUSEと同じように、構造／非構造、1次部材／2次部材、といったヒエラルキーにしたがうのではなく、すべての部品を等価に考えアッセンブルするという考え方で設計した、もうひとつの住宅です。建築の内部空間／外部空間という、一般的には建築のあり方を規定するような二項対立の概念よりも、そのすべての部品を等価にアッセンブルする、という方法論のほうに優先権をあたえました。

ときどき、私の設計した鉄骨造の住宅について、それの全体が全溶接であるかのように勘違いされることがあるのですが、もちろんそんなわけはありません。そういう視線が集まるような場所については分割された鉄骨の部分パーツの一部となるように、工場で溶接するような場所になるように、構造体を分割しています。ですから現場で接合したところには、ボルト接合もあります。あたりまえの現代の建築ですから。

assembleのシステムです（図16）。構造、いわゆる柱、梁、それにブレースは鉄、それに工業生産品として壁のパネルやサッシュをとりつけるというもの。考え方としてはすべての部品は等価ですが、結果として構造体そのものがxyz軸のカルテジアン・グリッドになっています。パネルやサッシュのとりつけの標準化、それにパネルやサッシュのとりつけ位置の変更や交換可能性の検討から出てきた均等グリッドとしての構造体が、逆に空間を支配していることに気づきます。

私のこの頃の建築というのはprefabrication優先でしたから、構造体はそうした工場製作された部品をとりつけるための基準としてありました。そのために均等な立体グリッド状の形態をとったのですが、結果として構造体の形式としての主張が強く出るものとなっていました。したがって、このxyz軸のカルテジアン・グリッドに鉄骨造の構造体が空間の基準点としてあるのみならず、同時に現実的な構造体でもある形式であることに、あらためて気づいたのです。ですからこの頃、ふと、ドミノやシトロアンのことが頭をよぎりました。

図15：下鴨の家

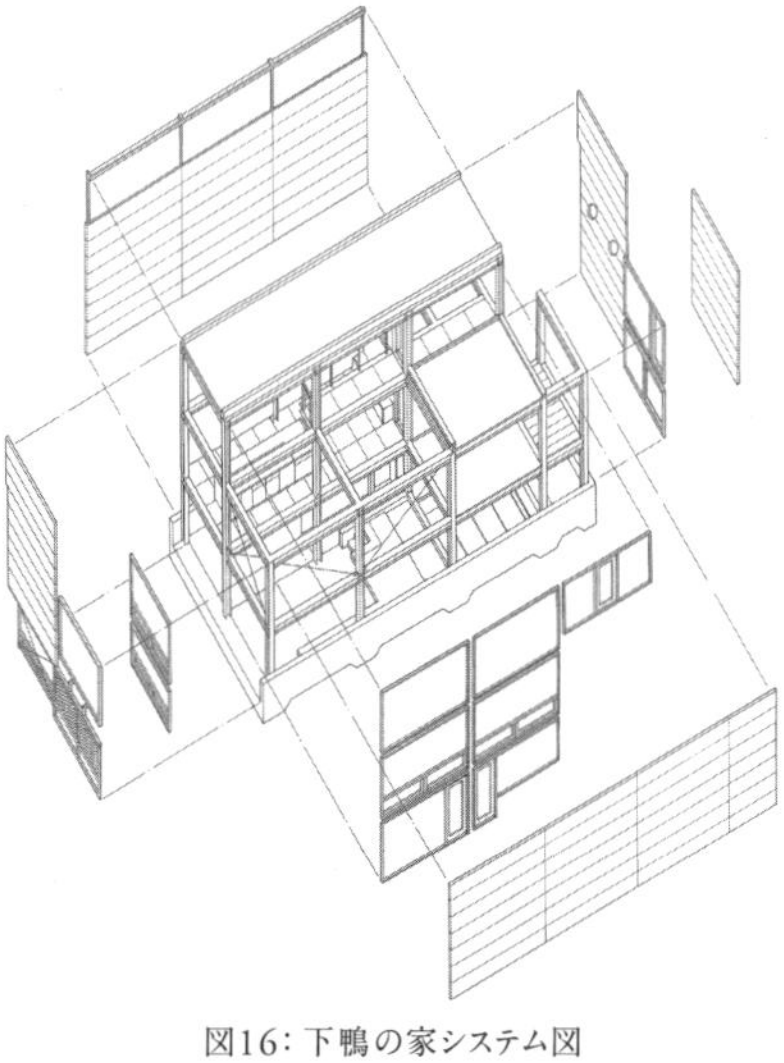

図16：下鴨の家システム図

リアルな構造形式と空間の構造が一致し、重なっているということ、それに気づいたとき、それを意識的に展開することで強い空間、強度のある建築空間ができるのではないか、というふうに考えはじめたのがこのプロジェクトでした。

「深谷の家」（図17）、これはまんなかにプールがあって両側に居室があるという、閉じた形式の都市住宅です。このプロジェクトで私が何がやりたかったかというと、私にとってのケース・スタディ・ハウスNo.22です。それは鉄骨造の建築だけが可能にしたこと、構造／非構造、1次部材／2次部材のヒエラルキーが消滅することで実現する同時代性、それをあらためて今日的視点から見直したいと考えたのです。このリビング・ダイニングの構造に関していうと、水平力は壁面のなかや露出して配置されたブレースが受け、柱は垂直力だけを負担すればいい。垂直力だけを負担すればいいので、カリフォルニアと同じ条件になる。垂直力は屋根しかないので、屋根だけを支えればいいことになるわけです。一方、サッシュの方立ての寸法は耐風圧で決定されます。

以上の結果として、とくに部材断面を無理にデザインするというようなプロセスをへることなく、合理的な検討の結果、1次部材としての柱と2次部材としてのサッシュの方立てが同じサイズになる。50㎜×70㎜というサイズです。結果として、たんに垂直な線が何本か立ってるだけで、その上に屋根が浮遊するというような空間が実現します。場所によっては、柱そのものをサッシュの一部に組みこんでしまい、方立てと同じように見せかけてもいます。それがこの住宅の構造と空間のあり方を一番あらわしているところかもしれない。

KIM HOUSEや下鴨の家の時点ではリアルな構造と空間の構造が幸福裏に一致していた。この深谷の家では完全に重なっていたふたつの「構造」が、微妙にずれはじめます。それもこのプロジェクトの意図でした。物理的な構造と空間構造がずれはじめること、この頃からそれが設計の主題のひとつとなり、それがもっとも意図的に展開した例、もっともずらした例が、後でまとめる「代々木上原の家」ということでしょう。

柱を純粋に垂直力だけを支える役目に限定したい、そうすることで柱を純粋な「柱」とすることができるのではないか、そのためには水平力を支持する鉄筋コンクリートの構造体と鉄骨の柱を組みあわせる構造を試行してみたいと思っていました。同時に、むしろそれとは矛盾することでもあるのですが、物理的な構造と空間構造を意図的にずらす近代の構造形式、キャンティレバーをどこかで使いたいとも考えていました。キャンティレバーというのは空間構造が物理的な構造からずれてくる典型的に近代の構造でしょう。キャンティレバーで壁が柱との並び位置からもちだされることで、柱のところで空間が終わらない。空間は大きいのに物理的な構造は小さいということになる。だからこそここまではキャンティレバーという構造は使わなかったわけですけれど、そろそろ空間と物理的構造が矛盾する方向に踏みだしたい、一方で柱を純粋な場所に戻せないか、と大それたことを考えてはじめたのが、「園部SD Office」(図18・19)でした。

これはオフィスビルですが、敷地状況が複雑でした。少し離れて大きな道路が通っているくせに、あぜ道のような細い道路が法的な前面道路になっている。そこで現実に前面道路として使う大きな道路に平行した直方体のブロックをまず敷地中央に置く。周辺には敷地形状や地下階と自然とを調停するための空間装置を配置し、主ブロックと周辺環境とのインターフェイスをつくりだす、というのが大きな設計の考え方でした。敷地のランドスケープのデザインを主ブロックの内部空間と外部とを調停させる空間とすること。ランドスケープの全体が、ある種の縁側空間のようなもので、その中央に2面がガラス、残りの2面がコンクリートの壁というメインの空間がある。

主ブロックは基本的に両側のコンクリート壁が水平力を受け、鉄骨の柱は垂直力だけを受ければいいという構成としたい。しかしそこにガラス面がキャンティレバーでもちだされるという操作が加わっているので、状況は複雑になっています。

ガラス張りのオフィス空間の作業環境やプライバシーを確保するために、前述の周辺のランドスケープのデザインがあります。主ブロックから離れた場所に建つ曇りガラスのスクリーンが、執務空間内部のプライバシーを守ります。前面道路に面して建つ曇りガラスのスクリーンは、この内部空間、執務空間のためのものなのです。

図17：深谷の家内観

図18：園部SD Office

図19：園部SD Office内観

prefabricationを想定した、鉄骨造の時代、空間構造と物理的な空間の構造が一致した建築の時代から、空間構造と現実の物理的な構造を意図的にずらしていこうというようにだんだんなってきました。そこで「代々木上原の家」（図20）では逆に、ずらすどころか、空間構造のほうをとても複雑にして、その空間構造の形のままではリアルな物理的構造が成立しない、素直には支持できないような建築を指向しはじめました。その頃の合い言葉は、明快な構造ではなくて、とりあえずは「汚い構造」をやりたいというものでした。そんなことを考えながらやったプロジェクトです。

機能的にも複雑で、小さなギャラリーとアトリエが付属する画家の夫婦のための住宅です。立体的には大きくは屋上つきの3階建てですが、そうとは簡単にいえなくて、床のレベルだけで7つあり、それらが立体迷路のような動線でシークェンシャルにつながっていますから、大きな一室住居ともいえる、そんな住宅です。結果として、そんなに簡単に構造を解析できないような空間構造になっています。空間構造／物理的構造という意味でも、それに加えてもうひとつ、外部／内部という意味でも意図的に不整合な形態をめざしていました。

外観に内部の空間構造を重ねたドローイング（図21）をみると、その不整合さ、テラスに面した開口部でのみ外部／内部が接合していること、それがわかります。さらに物理的な構造体をこ

図20：代々木上原の家

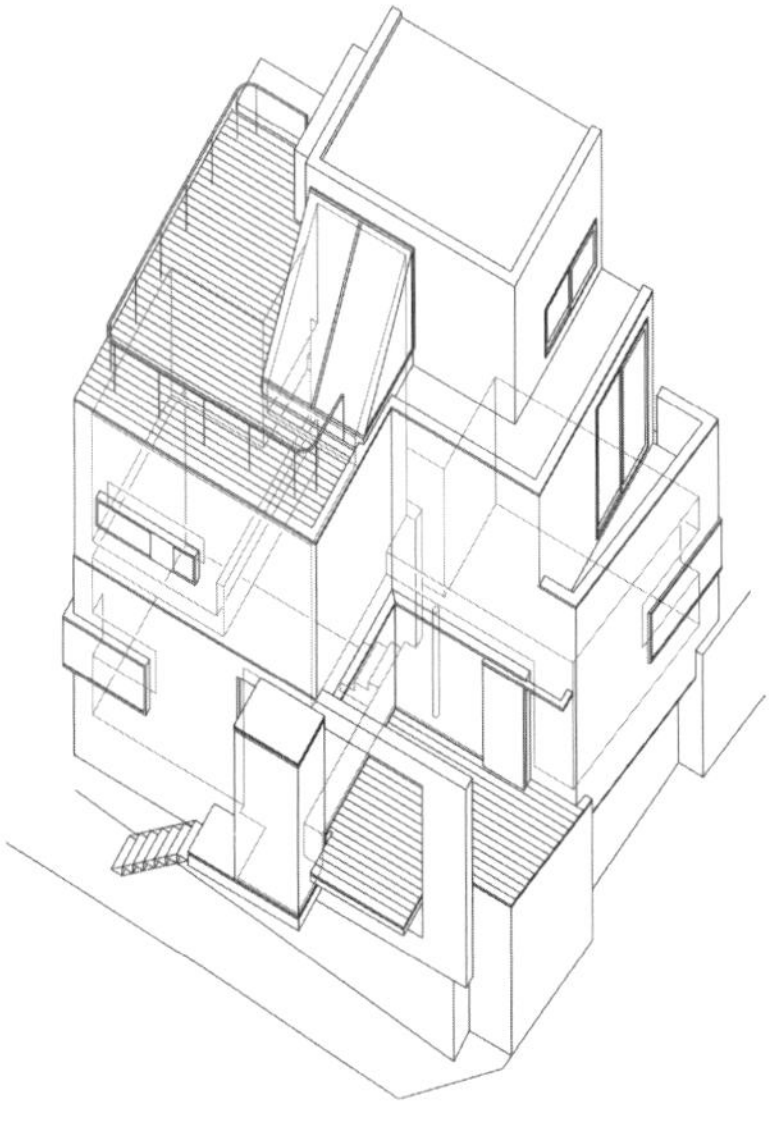

図21：代々木上原の家アクソメ

の外観と内部の中間部分に挿入しようとすると、なかなかややこしい構造形式になることもわかります。

ここではテラスに面したL字型の開口部に単純な透明ガラスを使うのはやめて、カラーガラス、それもグレーペーンガラスという1960年代の喫茶店の入り口などに使われた割合下品なガラスをあえて使いました。これまでのように、内部と外部を単純につなげようというのではなく、L字型開口部を生かして、透明であるうえに光の反射と透過、それにカラーガラス特有の非現実性を加えたいと考えました。昔なつかしいそういうカラーガラス、グレーペーンガラスはおもしろくて、1枚だけ通して外を見るときには透明に見えるんですけれど、ここはL字型開口ですから、斜めに2枚重なって見えるときがあり、そのときにはガラスには色がついて見える、さらに不透明になる。動線はこのL字型の開口部に沿っていますから、歩いて場所が変わると、それにともなって外部の風景の見え方が大きく変化します。透明ガラスだと絶対にこんなことはおきないですね。

さらにいろいろな要素を不整合な状態におきたいと思ったので、照明器具もわざと意図的に、この動線をじゃまする場所に配置する。

1990年代初期のプロジェクトでは、構造体、柱と梁が明快に表現されていたのがそれ以降どんどん抑圧されて、この頃には物理的な構造を空間構造からいかに乖離させるか、という非常に屈折した立ち位置にいたっていました。ふと振り返ると、いかに遠いところまで来たのか、空間構造と物理的構造の関係のなかに、意図的にあいまいさと矛盾を導入する、という試行もここまでかなあ、と感じたのはこのプロジェクトでした。

素直になりたい、昔のように明快に考えようと思って設計したのが「武蔵野段丘の家」（図22・23）です。これは30度くらいの斜面に3層の建築を挿入したもので、一番上が鉄骨造のガラスボックスでリビング・ダイニング、その下の階が主寝室、最下階がゲストルームで、下2層は壁が主体のコンクリート造で、各階とも一機能対応というきわめて単純なプログラムでした。

斜面の建築なので、ここではコンセプトとしてはコンクリートの下2階は人工的なランドスケープと考え、そのランドスケープの上にのるガラスの抽象的な箱、という構成です。物理的な意味での構造的純粋さを少々損なってでも、表現の純粋さを勝たせたいと思っていました。物理的構造の誠実さをおさえて、空間構造のほうに主役をもってくる、だから、最初に見ると空間構造がそのまま物理的な構造になっているかのように見えますが、じつはフェイクという建築ではあります。

代々木上原の家の強引に矛盾をつくりだすかのようなやり方ではなく、むしろ一見自然に見えるものの、じつは矛盾しているという、より自然に見える、しかし言い方を換えると、悪意に満ちた立ち位置ともいえるところまで来てしまった、竣工のときはそんなふうに感じていました。

もう一度、「原始の小屋」に戻ること、「屋根」を「柱」が支えるという形式、せいぜいそれに「基壇」がつく程度の建築まで戻ってみたいと、ずっと考えていました。

それが子午線ライン明石船客ターミナル（図24）です。

外から見ると単純な倉庫のような直方体の箱です。その直方体にドーム状の屋根を架ける。この屋根はじつは鉄板1枚で、それを切りぬいて、スリットを入れ、スカイライトをとる。それだけだと鉄板屋根は直方体ボックスの陸屋根からのキャンティレバーとしてだけでは支持できないので、4枚に分かれた鉄板のキャンティレバー状構造体を1本の柱だけで垂直荷重のみ支持するためのもっとも構造的に合理的な場所を探し、その場所に柱をそれぞれ1本だけ立てようと考えました。結果は4枚のうち2枚はキャンティレバーだけで支持可能であり、残りの2枚のために2本の鋼管柱を立てるだけですみました。

形はまるでそんなふうにはみえませんが、私にとってはこの建築は、鉄板と鋼管柱でつくった「原始の小屋」なのです。

ルナ・ディ ミエーレ 表参道ビル（図25）です。

図23：武蔵野段丘の家

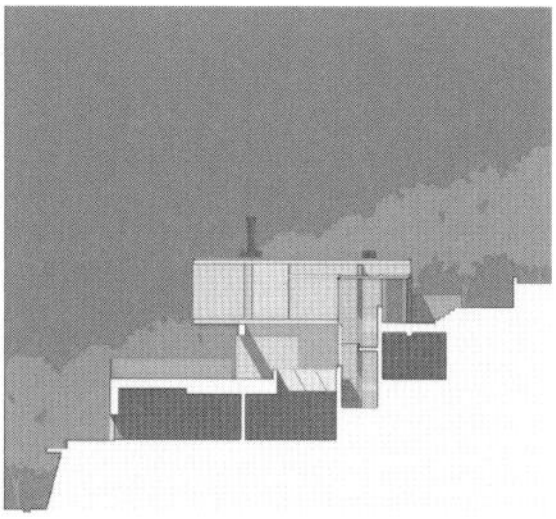

図22：武蔵野段丘の家断面図

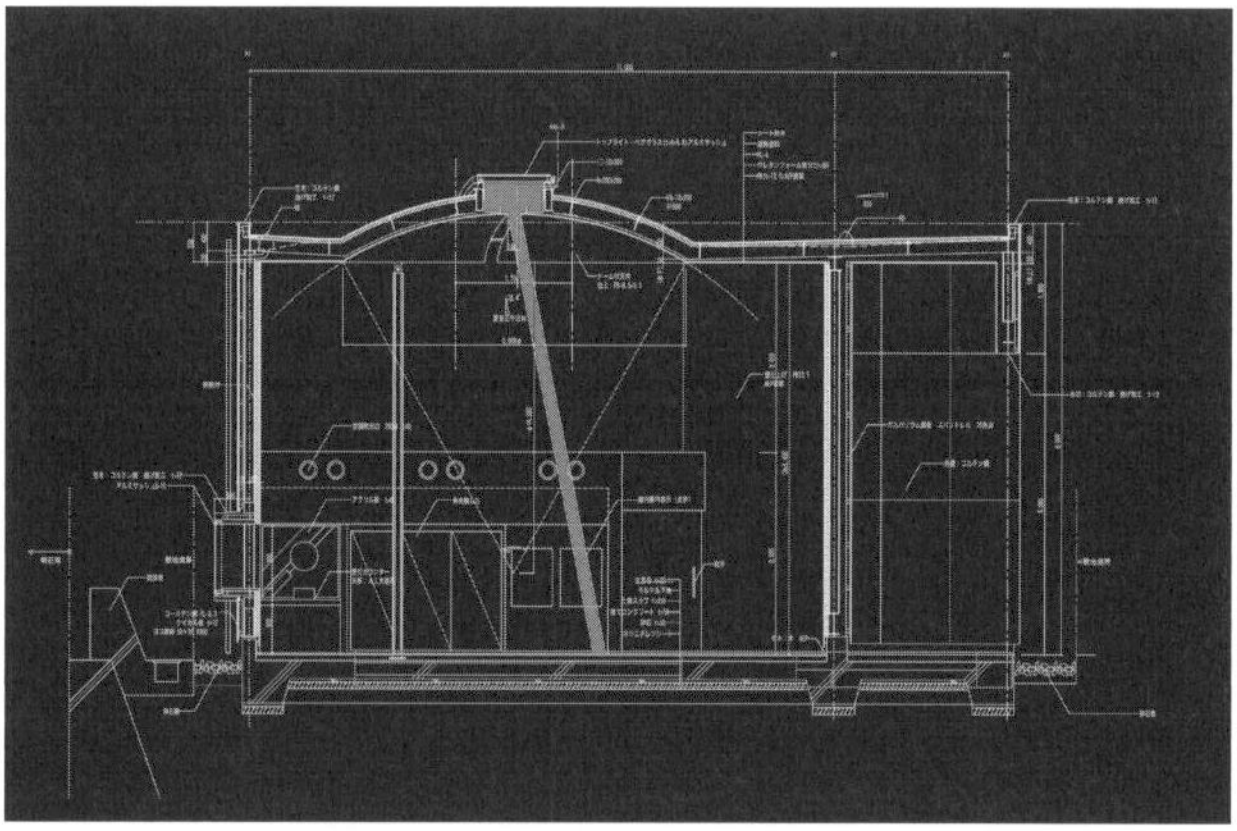

図24：子午線ライン明石船客ターミナル

鉄骨造の変遷を考えるとき、参照すべき対象として「船舶」がある。近代建築のメタファーのひとつである「船」、これもまた自動車と同じ、モノコック構造です。さほどの大型船でなければ、アルミのモノコック構造の船さえふつうにできていて、われわれはそれと知らずアルミ製の船に乗船しています。

この建築は考え方としては、下半分のコンクリートの面構造、その上に鉄板の面構造をのせるという形になっています。

上下いずれも柱梁構造ではなく、しかし下半分はコンクリート造で現場作業主体、上半分は船舶製造業の会社にお願いしたプレファブリケーションというもので、上下の考え方はコンクリート／鉄、それに現場作業／プレファブと対立的でありながら、どちらも部材サイズのディメンションを下げるために柱梁構造を避け、結果として構造が軽量になることで基礎が楽になるという解決案でした。上半分を軽量な鉄板構造とすることで、杭なしですんでいます。

すべてが限界寸法の設計でした。扉1枚の幅は750㎜にするか700㎜、それとも650㎜にするか。もっとも小さいディメンションでうまく寸法を納めていかないと何かがはみ出てくる。6坪の敷地では、階段さえも巨大な建築要素です。階段も鉄板1枚で支持するトリッキーな構造として、寸法を最小限におさえてあります。

このプロジェクトをきっかけに、鉄板を面として構造体に使うということを考えはじめ、チャンスをうかがっていました。

そんなとき、東京都内の公共的な自然のなかに、立礼《りゅうれい》茶室（図26・27）を計画したい、というプロジェクトがはじまりました。これは残念ながら、地鎮祭までやった後で中止となるのですが、ここで考えていた鉄板構造のHPシェルの屋根架構が実現可能なことは検証できていたため、いつの日かの実現を夢想しています。HPシェルという形式に興味をもったのは、それが曲面形状であるにもかかわらず、設計者の恣意によって決まるものではないこと、しかも直線を別の直線に沿って平行移動させていくことで、曲面が生みだされるという原理、そのことに魅了されました。建築家の恣意ではなく、構造的合理性に裏打ちされた曲面、というのは私にとっては次の局面を指し示してくれているように思えるのです。

「喜音寺」（図28・29）は2012年に竣工した曹洞宗の寺院で、そのHPシェル構造を木造でやろうとしたプロジェクトです。本堂は平屋で水庭越しにアプローチし、手前の3階建て部分は2階以上が庫裏、住宅部分となっています。

HPシェル形状の屋根は御本尊に向かって競りあがり、御本尊のうしろから光をとりいれます。水平の天井面がご本尊と須弥壇に向かって立ちあがっていき、それをなめるようにうしろから光が入ってくる。そんな上方から逆光の光が差し込む場所で、ご本尊と出会いたいと考えたとき、

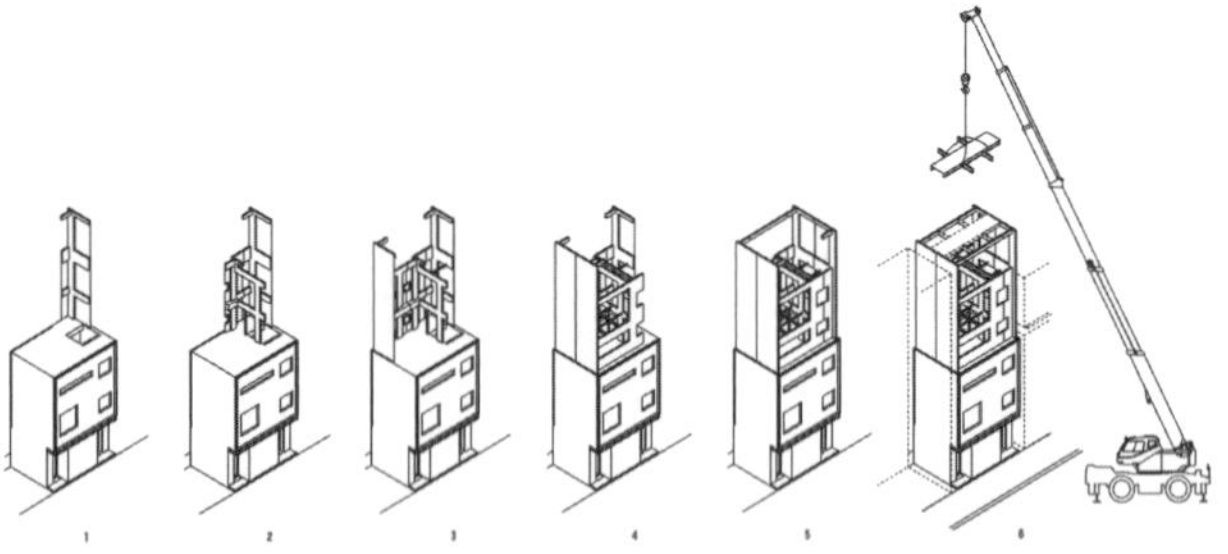

図25: ルナ・ディ ミエーレ 表参道ビル組立図

図26: 立礼茶室

図27: 立礼茶室

図28：喜音寺断面図

図29：喜音寺

HPシェルが浮かびました。浄土寺浄土堂で西側から床をなめながら入ってくる夕方の光のことを思い出さなかったわけではありません。ここでは逆に、上から降ってくる光を考えたわけです。アプローチは水庭ですから、視線は下、あるいは水平に向きます。そんなアプローチを抜けた後には、視線を上方に向けたいと考えた、その結果がこのHPシェルの屋根とトップサイドライトの採光でした。

物理的構造と空間構造、さらにその上位の建築という概念の関係を読みながら提案していくこと、それは設計というプロセスの最中にときどき立ちどまって、理性的に見直す機会をあたえてくれます。構造のことを考えていると、そのことそのものが自己目的化しがちです。そうならないように、ときどき立ち戻りながら、建築のことを思考していきたいと思っています。

註1「構造」と「構築性」

第1章での主題にもかかわるが、建築は一方で実体としてのあり方とともに、理念としてのあり方をも伴う。しかし、その二重性は何に由来するのであろうか。ひとつの手がかりとして、建築がBuildingではなくArchitectureであるという本文の記述に注目してみたい。Architectureという語は、古くはギリシャ語にその源を見出すことができる。きわめて簡単にいえば、語頭のarchi-とはギリシャ語のアルケー（archē）すなわち首位、原理などを意味し、これに続く-tectureとはテクネー（technē）すなわち技術を意味するという。いわばarchitectureとは技術中の技術、諸技術の首位にたつ技術、などと理解できるが、この語源からすでに、建築が数多くの諸事物にかかわる技術一般のなかで、高次の位置づけをあたえられていることが読みとれる。さらには、ここで技術と和訳したテクネー自体も、古代ギリシャにおいては必ずしも物的、工学的な事柄のみを意味するのではなく、広くものをつくりだすこと、現在でいう芸術的な事柄をも意味していたという。一方、今日芸術を意味するアート（art）もまた同様に、ギリシャ語のテクネーに相当するラテン語（ars）として、かつては工学的な技術をも含意するものであった。とりわけ近代科学の成立以降、techniqueは技術、artは芸術という分化が加速することになるが、本来はともにより広義の技芸や術として、包括的な語だったのである。archi-という上位性、すなわち垂直的な高さや深さと、technēという技芸一般にかかわる広汎性、すなわち水平的な広がりの両者を含意するarchitectureとは、それゆえに実体と理念、より大きくいえば物と心とを自在に行き来する制作概念であることがわかる。

註2「原始の小屋」

上述のarchitectureの語源への遡行をはじめ、西洋建築史において、建築に元初性、正統性を希求しようとする傾向がみてとられるのは、おおむね古典主義の時代である。あるいは反対に、そのような傾向こそが、古典主義をもたらすといえるかもしれない。古典古代からロマネスク、ゴシックをへて、ルネサンスにおいて萌芽した個人という主体は、自らの来歴を客観的な歴史認識のなかに位置づけようとする。第7章の註をふりかえるならば、連続性の担保された歴史のなかで、可能なかぎりさかのぼることのできる起源を見出そうとするのである。ゆえに、ルネサンスが古代ローマの中心地であったイタリアから発祥したことは偶然ではない。ローマに残る古代遺跡を自らの出自として評価し、その原点への回帰、あるいは原風景を再生しようとしたのがルネサンスだったからである。こうした運動のなかで建築もまた自らの元初を問い、修道院の書庫に眠っていた最古の建築書、ウィトルウィウスの『建築十書』が発見されるとともに、多くの建築家が理論書を刊行したのである。こうして古代ははじめて古典化され、ゆるぎない格律が打ちたてられたのである。「オーダー」なる様式がその語のもとに体系づけられたのも、ルネサンスにおいてである。その後、18～19世紀の新古典主義の時代にはさらなる古典の古典化が推しすすめられる。ローマにさかのぼるギリシャ古典の精解、さらにはギリシャ古典をもさかのぼる元初の探求である。建築史家ロージエによる「原始の小屋」は、こうした遡源的問いがもたらしたひとつの到達点であり、もはや古典は自然に淵源するにいたるのである。

註3「architype」と「prototype」
建築すなわちarchitectureの語源に含意される問い、先述した原理への問いが主題化されるとき、祖型への遡行としての古典主義が幕を開けることになる。建築と同じくアルケーを語頭にもつarchitypeとは、ここでいう祖型にほかならない。それは「原始の小屋」のごとく理念としての唯一の型であるがゆえに、つねに、いまやすでに失われたもの、つまり非実在として見出され、いわばけっして到達できない起源以前の起源において、現在とは非連続的なものとしてある。一方prototypeとは、そこから多様な具体例が生み出される原型として実在し、現在にかかわりあいながら展開、変転する未来に向けられ、連続的なものとしてある。本文中で両者が対比的に論じられる理由は、このようにarchitypeとprototypeとが、過去と未来というまったく反対の時間的方向性や、唯一性と多様性、非実在と実在、非連続性と連続性という対照性をもつことにもよるだろう。

註4「ドミノ」と「シトロアン」と「モノル」
これら3者が、ル・コルビュジエにとってなんらかの範型であったことは否定する余地はないが、それぞれをどのように位置づけるかについては、彼自身がとくに言及しているわけではない。これまでにも言及してきたarchitypeとprototypeという区分でいえば、ドミノについては壁という副次的要素からの離脱、柱とスラブのみによる構成という原理の厳格さ、という理念性においてarchitypeに近いとみなすことも可能であろう。実際に、ドミノ以降、1920年代にコルビュジエが実現したのはドミノそのものではなく、その理念を根拠として案出された「近代建築の5つの要点」であり、「建築構成の4つの型」である。しかしこれとは対照的に、具体的な敷地や室配置がなされたシトロアンやモノルは、まぎれもなくprototypeであるといっていいであろう。ただし、シトロアンが都市住宅の、モノルが田園住宅のprototypeとして提案されていることは注目すべきであろう。本文でも指摘される両者の抽象性の違いは、都市か田園かという、それらが計画される環境的文脈の抽象度の違いに由来するとも考えられるのである。

第9章　建築を「分析」すること

Design Analysis

最後に視点を少し変えて、建築のデザインについて語ることの意味、あるいは建築を分析[註1]、批評[註2]するということとはどんなことなのかについて考えてみたいと思います。

建築をつくる、設計するという行為——あえて「創造する」とはいいませんが——と、建築について語る、あるいは分析、批評するという行為はベクトルこそ逆向きであるものの、同時に存在し、そして相互に依存していなければいけないのではないかと学生時代から考えていました。

ここでは建築について分析、批評することについて考えます。

まずもっとも一般的な方法として「印象批評」というものがあります。印象批評というのは、たとえば、建築雑誌の月評を思えばいいわけですけれども、建築なら建築、絵画なら絵画を見た印象をつらねた後にある推論を結論として記述するという方法論、これが一番一般的ですね。

あるいは、歴史の研究に一番典型的ですけれど、「一次資料を探る」という研究方法があります。これは、研究としてはあたりまえの話ですが、要するにオリジナル、はじめて発見された一次資料を探しだした後、それの分析の連鎖の先に、ある結論にいたるという、そういう方法論です。

また実証主義的な記述というのがあります。たとえば、その人の人となりであったり、その人の人間的な背景や文化的な立ち位置を探ったり、その建築家がどういう教育を受けたかを探り、さらに、どの作品がどんな背景をもっていて、どの原稿はどんな状況下で記述されたものかだとか、そういう事実を探りだし、その積み重ねのうえに、ある結論にいたるという方法論もあります。

そういう印象批評的な方法論や実証主義的な方法論があるわけですけれど、ほかにはないのかとずっと考えていました。私自身は1970年代の中頃から後半には歴史の研究室に在籍しました。そこは当然、実証主義です。その研究室は日本建築史が主流でしたが、その研究室にいながら、私自身はルネサンス以降の建築、とくに近代建築が興味の対象だったので、実証主義的な方法論ではない、違う方法論はないのかと考えていました。

1970年代という時代でしたから、時代の思潮そのものが構造主義から反＝構造主義へとシフトし、そうした新しい時代の思潮に対応した建築批評の方法論があるはずだし、近代を分析の対象とする以上、そうした新しい分析方法論の模索がなければ、近代建築の重要な部分はみえてこないと考えていたのです。

同時に、モノとしての建築の魅力に直接近づきたいとも思っていました。それを設計した建築家の人物像や考え方には、じつはほとんど興味がなく、その人がいい人か悪い人か、どんなバックグラウンドであったかということにはまるで興味がありませんでした。ときには凡庸な人物の建築家がすばらしい、たったひとつの傑作を残すこともあるだろうし、人間としてすばらしい人物、思慮と深い思考に満ちた建築家の作品がぜんぜんだめだ、ということもあるだろうと考えていました。ならば建築作品と正面から対峙するような批評方法論はないのかとずっと思っていたわけです。

そのときに出会った方法論が、形態分析と呼ばれる方法論で、具体的にはアッカーマンの「ヒューマニズムの建築」というルネサンスの建築を分析したものから、ルドルフ・ウィットカワー、あるいはエルヴィン・パノフスキーの「イコノロジー」という方法論などに出会います。「イコノロジー」は、ルネサンス絵画の分析方法論ですが、ルネサンス絵画を見るときにそこにキリスト教の寓話や「icon」を読みとる。天使の格好はしていないけれど、じつはこの絵画のなかの、この人物が天使として描かれている、というふうに。それはルネサンス絵画を読みとる方法論ではありますが、こうした延長上に、画家や建築家がどんな人だったのかということではない、その絵画や建築そのものを読みとる方法論を模索していました。さまざまな本と出会いましたが、それらが、いわゆるワールブルグ研究所の方法論につながっているということを知るのは後のことです。

近代建築を分析する方法論としては、まずコーリン・ロウでした。コーリン・ロウの本としては、『The Mathematics of the Ideal Villa and Other Essays』というのがまとまっていますけれども、あるいはその後の『Collage City』もそうですが、建築の分野で自分自身が共感できる方法論にここでようやく出会うわけです。ロウの方法論は、徹頭徹尾建築そのもの、その作品をどう分析していくかという方法論であり、けっして建築そのものから離れません。通俗的な批評によくありがちな、ロマンティックな神話の創造というクリシェにはけっしてなりません。

　このとき、こういう方法論に自分は興味があるんだ、というふうにようやく気づいた。その後、批評者としてはロウの方法論を引きついだといっていいピーター・アイゼンマンの分析の方法に出会います。アイゼンマンの方法論はここで詳しくは述べませんけれども、ぜひ、読んでいただきたい。私の分析もその延長線上にあって、ジョゼッペ・テラーニの「カサ・デル・ファッショ」を分析した論文や、前川国男の紀伊国屋書店を分析した論文とか、いくつかありますけれども、それはアイゼンマンの延長上にあります。

　建築家として思うのは、自分に先行する建築、歴史といってもいいですけれども、そうした過去の建築を自分としてどう咀嚼するかということはとても重要だと考えていて、それを最終的に分析論文として記述するかどうかはともかく、どう建築をみているのかというのは設計方法と同じくらいか、あるいはそれ以上に重要だと思っています。これは歴史の研究室出身の建築家、さらにその前は電気工学科で工学的な論理構築の方法を学んでいたという私の特殊な背景が働いているような気はしますが。

　形態分析という方法論はある種の疑似科学主義という批判もあるでしょうが、私自身にとっては、ドラスティックな結論を導きだすような分析ではなく、形態分析、とくにアイゼンマンの形態分析にみる、分析プロセスの快楽、それと裏腹の結論の陳腐さ、といったものが大好きなのです。

建築を私自身がどうみているかという話と重複しますが、少しだけおさらいします。

建築形態を考えるとき、「Form and Meaning in Architecture」という言い方がありますが、建築には「形態」と「意味」のふたつの次元がある。

私自身は建築の形態の「意味」の次元には触れたくない。アイゼンマンの分析が徹頭徹尾、意味の次元を排除しているように。形態の意味の次元を語るということは、とりもなおさず、その延長上には「作者」、すなわち「建築家」が顔を出し、ロマンティックな次元に引き戻されていくからです。言語学でSyntacticsとSemanticsというのがありますが、意味を求めるのか、形式を求めるのかという次元でいうと、私は「意味」には興味がない。Semanticsではなく、Syntactics、Meaningではなく、Formに興味があるのだという立場設定をまずしておきたいと思います。

もうひとつおさらいです。建築は基壇と柱と屋根だ、という確認です。

ギリシャの神殿の平面図をみると、メガロン、壁というのは抑圧されています。柱が屋根を支えている、壁はあくまで2次的な要素で、列柱のうしろに追いやられている。だから自然のなかにはありえない水平面、その水平面としての基壇をつくり、そこに立つ柱が屋根を支持するというのが、建築の基本であることの確認です。

突然、ギリシャの建築から飛んで、19世紀です。シンケルのアルテス・ムゼウムという美術館ですけれども、同じです。基壇があって柱があって屋根がのるという3層構成は変わらないし、エレベーションの左右のA・B・A構成も変わらない。これがある建築的真実だと思います。

20世紀、ミースのシーグラムビルですが、これも同じです。基壇があって、主たる柱の部分があって、屋根の縮退がのっています。シーグラムビルの場合は、まんなかの柱の部分がちょっと変調をきたしていて、一番下だけピロティになっていて、上はグリッドの空間になっている。グリッドの空間とはいっても、マリオンが主張する垂直性が優先するデザインになっています。もっとも、その垂直性を表現しているのは柱、コラムの代理であるマリオンではないか、という批判はこの建築ができたときからあったことでしょう。ミースはレイクショア・ドライブでも同じやり方をとっていることを付記しておきます。とにかくコラムの部分がちょっと変調をきたしていますけれども、基壇、コラム、屋根という構成は変わっていないし、左右のA・B・A構成もギリシャやアルテス・ムゼウムと同じで、何も変わっていない。そんなふうにアルテス・ムゼウムやシーグラムビルをみるという立ち位置に私は立っています。3つは同じ建築だというところからはじめる、そんな立ち位置です。

時代やデザインの差異、それに構造や工法、素材の差異などは建築にとっては大した問題ではないのかもしれません。

現実の建築としての形はことなっていても、そこに通底する「3層構成」や「3分割立面」という抽象概念の存在が、建築の成立を担保しているのではないでしょうか。

柱と壁の話を少しだけしします。

何回目かになりますが、ル・トロネです。この建築の何が美しいかというと、建築の原初的な状態がそこにあるということではないかという点。柱なのか壁なのか、という議論が無意味な状態、柱と壁が未分化の状態にこの建築はあります。しかも、この建築には基壇というものが欠けている。シトー派の修道院はつねにそうですけれども、床はその建築が建つ場所の「地勢（undulation）」をそのまま受けつぐのです。水平の「基壇（podium）」というものがなく、中庭のレベル、外部の地面のレベルをそのままに受けて、建築の床面がつくられる。ですから回廊にはレベルを調整するため、階段があらわれます。この階段の位置がシトー派の修道院をみるときに興味深い。シトー派の修道院の平面はそれぞれ、ほとんど同じです。ル・トロネやセナンク、シルヴァカーヌなど平面はほとんど同じなのに、それぞれが建つ場所の地勢がことなるので、階段がぜんぜん違うところに出現します。そんなふうに、建築が場所に支配されながらも、建ちあがろうとする姿、その建築がもっとも未分化の状態をみせてくれるからこそ、われわれは感動するのだと思いますし、同時にその場所性という、きわめて「具象的」な次元と、そこに建築が建ちあがるという、その「抽象的」な次元とのせめぎあい、あるいは現実というリアリティのなかで「抽象性を獲得しようという建築的営為」が感動的なのではないでしょうか。

20世紀の建築、近代建築にとっては、その抽象性の問題は重要なポイントとなります。世界中、どんな場所でも、どんな人たちのためにも成立するユニバーサルな建築形式、言い換えると、「インターナショナル・スタイル」という建築のあり方を承認した以上、地域性のみならず、時代をも超えた建築の存在が自動的に措定されてしまい、抽象的な形式の存在を追求せざるをえなくなります。そうすると、おのずから近代主義建築と、ギリシャ、ローマからの古典主義建築との類似性という議論にいたらざるをえないのではないでしょうか。さきほどの私の立場です。

しかしそうはせず、そのギリギリのところにアイゼンマンは立ちます。アイゼンマンの分析は徹頭徹尾抽象に徹し、同時に建築における「古典主義性」とでも呼べるものを最後までけっして語らない。とすれば出口のない、あるいは結論のない議論とならざるをえないというのが、アイゼンマンの議論が抱えこんだ問題構制だったのでしょう。

ちなみに、これは「アイゼンマンの住宅」(図1)です。この図は分析ではなくて、この住宅を設計するための設計方法論を表現したものですね。4枚の壁が建ち、その壁の直交方向に3つの層状化する空間を導入して、それに徐々に形態操作を加える。そのオペレーションが複雑化していき、最終的な建築へといたるというプロセス。そこには「機能」の分析もなければ、「3層構成」や「3分割立面」、「ピロティ／屋上庭園」や「建築的プロムナード」もない。この人の、この方法論の延長上に自分も身を置きたいと思いましたが、無理だったようです。私にそこまでの抽象性への偏愛はなかった。

分析方法論と設計方法論が同じとは思いませんけれども、並行的に可能なんだということをみせてくれたのが、この時期のアイゼンマンだったと思います。それが魅力だった。分析方法はロマンティックな印象批評の物語としてあり、設計方法はこれも建築家のロマンティックな恣意のかなたにあるというのはどうにもいやだ、と思っているときに出会ったアイゼンマンは救いだった。しかし、こうした分析方法を重ねた後、アイゼンマンは疑似生命科学といった方向に展開します。抽象性を建築に求めつづけること、そのことのもつ悲劇性をもっとも端的にみせてくれたのが、アイゼンマンの展開ではないでしょうか。

大学院時代、そんな方法論の模索を続けているときに、カビ臭い書庫のなかでその頃には名前を聞いたこともない、教科書にのっているわけでもない、建築家の作品と出会います。カリフォルニアの一連のケーススタディハウス、ルックハルト・アンド・アンカー、アンドレ・リュルサ、マックスウェル・フライ、それに日本の土浦亀城といった、近代主義の建築家たちの作品です。

そのなかで土浦亀城の作品分析を論文にまとめるわけですが、これはのちに書籍にまとめられました。幸い、土浦先生とは後年お会いすることができ、有名な「自邸」をお訪ねすることができました。土浦先生は日本の１９２０～30年代に白いモダンデザインの住宅を設計された方のひとりで、日本にも何人かそういう建築家がいますが、そのなかで抽象度の高さ、抽象性という建

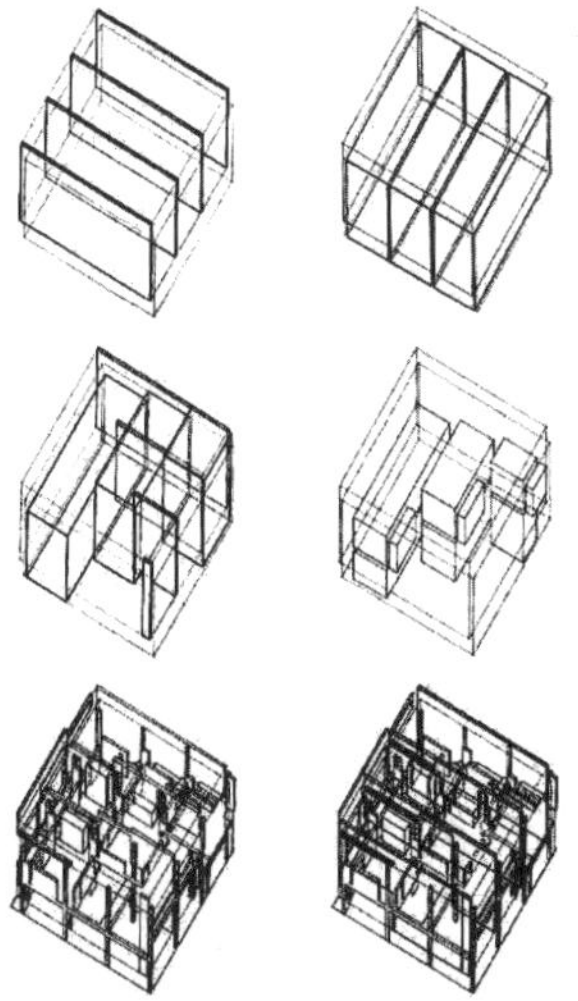

図1：ピーター・アイゼンマンの住宅アクソメ

図2：土浦亀城自邸

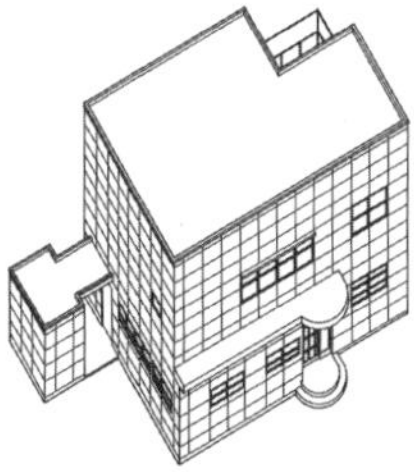

図4：土浦亀城の住宅アクソメ

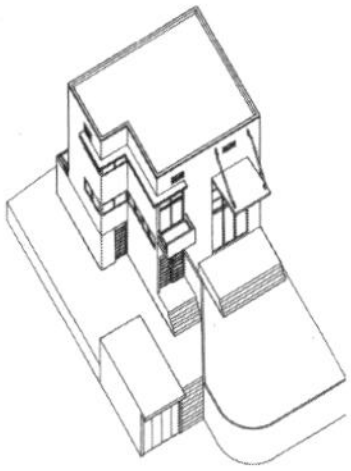

図3：土浦亀城自邸アクソメ

築の概念を理解されていたという意味では、この方が随一だと思います。アイゼンマン流の分析方法にきれいにのるということ、論理的に、理性的につくられた建築を分析する快楽というものを教えてくれたのは、土浦亀城の建築でした。そういう白いモダニズムの建築は、丹下健三の世代が出現することによって、「白い陶器のような建築」と揶揄され、時代から消えていくわけですけれど。

これは1936年にできた土浦先生の自邸（図2・3）ですが、断面と平面、それに配置を含む敷地との関係をみると、当時のヨーロッパのアバンギャルドな建築よりもずっと抽象的な建築が実現していることに驚きます。

敷地にレベル差があって、それを建築の内部空間に導入し、内部空間をスプリット・レベルとする。外部から見るとキュービックで、しかもそれに対角線方向の浸食（eroding）を導入する。浸食（eroding）というのは、アイゼンマン流の用語ですが、形態的には純粋な直方体ボリュームを対角線方向から浸食された形態となっていて、さらに人間のアクティビティとしてもその浸食されたところにエントリーがある。こんなところを切り口として、土浦亀城自邸の分析ははじまりました。

別の「土浦亀城の住宅」（図4）ですが、たとえばこの住宅では2対3というグリッドが全体を支配している。外壁パネルの大きさが2尺×3尺ですけれども、そのプロポーションが建築全体のボリュームも支配する。この住宅自身の主ボリュームのプロポーションは平面的にも、立面的にも2対3になっている。したがって、短辺方向の立面は必然的に正方形。さらに長辺方向の付加ボリューム、これの外皮グリッドは主ボリュームのグリッドから半グリッドずれていて、しかもこの付加ボリュームは形態的には長辺方向には2対3よりも少々短くなっている。すなわち、形態的に読みとっていくと、付加ボリュームも同じ2対3のボリュームであり、これが主ボリュームのなかに突っこんでいっている、という表現になっている。

1930年代になんと抽象的な表現のレベルに達していたものかということに感嘆せざるをえません。さらに正面側では平面の同じグリッドが半グリッドだけ外にずれていて、立面が垂直方向に層状化し、レイヤーが2枚となっているものの、それをたんに正面から見ると、1枚の立面のようにしか見えない。左側だけが手前に半グリッドずれていて、奥行きを出すという表現。コンピュータのウィンドウやブラウザという発想がない時代に、面を層状化させるという発想。これはコーリン・ロウが分析したような、コルビュジエのサヴォア邸やガルシュの家の立面に読みとることができる層状化と同じものですね。

さらにいうと、純粋ボリュームの2階コーナーを浸食（eroding）して、機能としてはテラスをつくっているわけですけれども、そこに水平連続窓がまわりこむことで、この建築全体の形態表現の抽象性が増していることのすごさなど、読みとるべき階層の多さに驚嘆します。

精神の抽象性を保持するというのはなかなかたいへんな営為で、精神の強度を要求します。最近私も軟弱になってきて、少しロマンティックな分析をやったりします。これまでのアイゼンマン流の分析とは少し違いますが、建築と出会うときに、どんなふうにそれを理解していくかというケーススタディとして、カリフォルニアのイームズ・ハウスの分析をやりました。詳しい話は別の書籍を読んでもらえればいいんですが、その要点を書いてみます。

イームズ・ハウス、またの名前は「ケース・スタディ・ハウスNo.8」（図5）ですが、はじめてここを訪ねたのは1981年のことでした。まだレイ・イームズが存命の頃で、メイドさんに「ちょっとだけなら、入っていいわよ」と言われ、ほんの数分、リビング・ルームに入ったのが最初でした。次はその本のためにフランスから来たフォトグラファーとともに2007年に再訪するまで、訪れることはありませんでした。だれでも感じることでしょうが、現場を見て感じる点がいくつかあります。まず、その配置計画（図6）。

なぜ、斜面の擁壁に張りつくような配置と断面、しかも長手方向にずっと擁壁に接していて、その擁壁は建築の長さを超えてのびているという配置としたのか。さらに、基本的にはガラス・ボックスだと考えていい建築、擁壁に沿って長くのびる建築の、その長手方向に沿うように、建物内部からの眺望をじゃますするかのように、樹列が配置されていること。

すなわちこの２棟の建築は一方を擁壁、もう一方を樹木の列に挟まれ、いかにも窮屈そうに建っていること。だれもがこの場所を聞くと、太平洋が見えるようなガラス・ボックス状の建築を想像します。しかし、この建築から太平洋は望めません。

なぜ、そんな配置計画となっているのか。

このイームズ・ハウスには、実現しなかった第1案（図7）があります。

この第1案が実現しなかったのは、予算とか、外部要因があったわけではない。イームズ夫妻自身が第1案を破棄したのです。この第1案はきわめて合理的な、あるいはわかりやすい案だといっていい。ピロティで2階にもちあげられた主ブロックは現在の配置とは90度ずれていて、その2階のリビング・ルームからは太平洋も望めたことでしょう。あるいは、自動車でのアプローチから見るピロティ越しの斜面の自然の風景は切りとられた1枚の絵画となっていたのではと想像します。敷地の斜面を2階へのアプローチとして使う断面も、今の擁壁と強引に絡むような断面よりは、ずっと合理的にみえる。しかし、彼らはその案を廃棄し、現在実現した案に変更した。

それはなぜだったのか。

現在の建築を形態分析するというプロセスをへて、それを1冊の本にまとめるということをやり、それを客観的にみることができるようになった今、むしろ第1案のもつ意味が自分にとって鮮明になってきた気がします。

現在建つ建築の分析を簡単にまとめると、それはきわめて「映像」的な建築であり、「世界」と螺旋状につながりながら対峙する「装置」としての建築であること。リビング・ルームの小さなアルコーブが世界と等価にあり、そこでは「世界」と「人間」が1対1で向かいあうことができ、建築はそのための「装置」としてあるというものでした。この住宅ができたのは1949年、世界と人間の関係を映像化した彼らの映像作品である『Powers of Ten』は1968年にパイロット版、1977年にカラー版ですから、これはそれに20年ほど先んじていたともいえるでしょう。

もっとも最初にいったように、この、世界と人間の対峙を仲介する装置としての建築という概念は、私の読解の結果であり、イームズ夫妻がそう考えていたという証拠は何もありません。読みとることの快楽というのは、そういうものではないでしょうか。

ともかく、現在のイームズ・ハウスの建築がそんなふうにきわめて「映像」的な建築、それもムービーや、少なくともマルチ・スライドといった「連続的」な映像メディアを思わせるとすれば、たしかに第1案の建築はいかにも「静止画像」的な建築に思えます。パーキングから見るピロティ越しの風景など、へたをするとプッサンの絵を思わせないでもないし、2階のリビングルームから太平洋を望む風景も、ベネチア派の絵画みたいに、動かない静止画的であるように思えます。

たしかにだれが見てもうなずくような計画ではあるものの、その結果があまりに古典的すぎる

図5：ケース・スタディ・ハウスNo.8

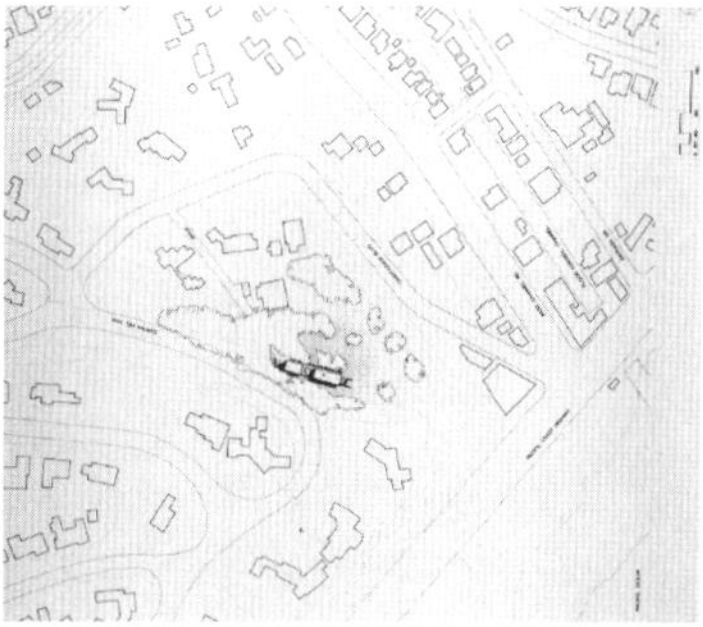

図6：ケース・スタディ・ハウスNo.8配置図

図7：ケース・スタディ・ハウスNo.8第1案

ことに気づき、撤回したのでしょうか。これがミースのような、確信犯的古典主義者ならば、第1案をもっと古典的に変更したのではないか、たとえば2階のボリュームと地上の関係を読みかえ、もっと明快に空中に浮遊させるというような解決にまでいってしまうのではないか、あるいはその逆にもっとわかりにくく諧謔的にする方向もあるなと夢想します。

批評することの快楽、それは批評的に読解していたはずなのに、気がつくと、「ミースならば……」とか、最後には「自分なら……」と夢想してしまうところにあります。批評することと設計すること、あるいは広義では、読解することと記述することは表裏一体にあります。建築家であることの快楽のひとつは、建築を批評・分析するという立場に立ったとき、そのベクトルがいつのまにか逆転し、自分のことを語ってしまう[註3]ことがある点にあります。

これはもちろん、最初の私の立場設定、徹頭徹尾、建築というモノから離れないで批評・分析することという立場に矛盾するかもしれません。最後のイームズ・ハウスの分析など、「読み過ぎ(over reading)」といわれるかもしれない。アイゼンマンからはじめながらそこまで堕落したのかというそしりも免れえない。

しかし、それでもなお、語りつづけたいと思わせる建築が世界に存在していることだけはたしかです。自分にとっての建築家という職能は、そうした矛盾に満ちた快楽をあたえてくれる建築という総体と関係をもちつづける人間にあたえられた称号のように思えるのです。

註１「分析」

分析とは、要素という可視的な事実に基づいて、関係性という不可視的な事象を浮上させるという点で、建築設計を逆転させたような、実体から理念への架橋モデルのひとつといえる。それゆえ物理学における物体間に働く力や、経済学における価値の交換についての考察など、いわゆる科学的な手法になぞらえることも可能となる。

しかし、いかに科学的とみなしうる手法においてもけっして看過されてはならないことは、関係性や力、価値などの不可視的なものが、もとはわれわれの想像力によって構想されたものだということである。疑似科学、似非科学という批判は、こうした想像力が介在することとそれ自体にではなく、むしろその介在が不可欠であるにもかかわらず隠蔽されることへと向けられるべきであろう。

かつてある建築家は「われわれが顕微鏡や望遠鏡を通して発見するものは、万華鏡のようなもの、すなわち心の投影である」と述べた（アルド・ファン・アイク）。顕微鏡や望遠鏡など、いかなるスケールでの分析の手だてを用いようとも、実体と理念、ものとこころ、構造と意味、これらのへだたりを超えて、われわれの想像力は軽やかに跳躍し、あらゆる非連続な事物を非連続なままに、万華鏡のごとく自在に結びつける。へだてられた両者への架橋とは、作品の制作であれ、分析であれ、火花のような跳躍として偶然にも一気になしとげられるのであり、堅固たる唯一かつ往復可能な交通路ではないのである。ゆえに分析とは、設計の道程を必ずしも逆方向に逐次的にたどりなおすような検証ではないし、制作もまた、ただひとつしかない解答を段階的な過程をへて導きだすことではない。分析によってもたらされた洞察が、必ずしも制作者の意図を反映するとはかぎらず、そもそも、そのような答えあわせをしても、その答えにのっとって再び同じ作品が別の作者によってつくられることをだれも望んではいない。むしろへだたりが非連続であり、一つひとつの作品がかけがえのない奇跡であることをあくまでも引き受けることで、制作と分析とはともに一方通行でありながらも、いかに創造的に、新しい跳躍の射程を切りひらけるかというただ一点において、交叉するのである。

註２「批評」

上述のように、制作と分析をともに、実体と理念とのへだたりを超える自由な跳躍としてみなすことで、両者が互いに抑制しあうものではなく、励起しあうものであるととらえることが可能となる。また、へだたりはけっして埋めあわせられるべきではなく、むしろその幅と深さのうちにかぎりない未知の開けがかくまわれていることが跳躍のたびに垣間見えることで、さらなる跳躍の準備が整えられると考えるべきであろう。そしてこうしたへだたりを克明に書きとめようとする営為が、批評であると定義したい。なぜなら批評とは、制作や分析に随伴しつつ、そのことに徹底して自覚的、反省的でありつづけることによって成立するからである。たんなる好みや私見、同調や後づけによるつじつま合わせのような記述、つまりは跳躍の現場に立ちあうことのない記述は批評ではない。M・メルロ＝ポンティは、著名な論考『眼と精神』のなかで絵画における視覚を次のように述べる。「眼は世界を見る、そして世界が画像（タブロー）となるためには世界に何が欠けているかを見、また画像が真の画像となるためにはそこに何が欠けているかを見、そしてパレットの上に画像が待ちうけている色を見る。そしてそれが仕上がった時、眼はこれらすべての欠如を満たしている画像を見、さらには他人の絵、つまり自分のとは違った欠如に応ずる別な応答を見るのである」と。画家の眼に寄りそい、実体と理念、言い換えれば世界と意味とのへだたりという「欠如」についての克明な素描、すなわち批評が行われるのである。すぐれた批評はすぐれた芸術作品にも比肩して創造的であり、すぐれた芸術作品はすぐれた批評にも比肩して批評的である。本章で例示される建築作品は、その批評性ゆえに、新たな解釈、新たな創造への可能性を無限に開いてみせるといえる。

註3「自分のことを語る」

　建築家が自らの思索を語りはじめたのはいつからであろうか。あるいは、自らの思索が表明されることのないままに、はたして建築家という職能は誕生しえたであろうか。歴史的にみれば、建築家と、建築をめぐる思索の誕生とは、同時であったのではないだろうか。ルネサンスの時代において、はじめて建築作品が個人の名のもとで讃えられ、建築家という職能が誕生するとともに、ほかならぬ彼ら自身の手によって、それまでにない数多くの建築理論書が著された。この一致には、必ずしも印刷術の発明という歴史的な事由によるだけではない、それ以上の必然があったであろう。人間が主体的な個人であることを自覚し、建築家が自らの職能を顧み、建築の出自が探求されるなかで、ウィトルウィウスはよみがえり、古代建築は古典として再生し、そして建築とはなんであるかが問われ、語られなければならなかった。いわば、建築家、建築史家、建築理論家は同時に誕生し、彼らの声は批評という営為のうちに重なりあい、多声化することとなる。こうした多声の共鳴のもとで、これまでの建築の歴史ははじめて括弧に入れられ、その括弧の内外を跨ぎ越えるような相対的な視点が生まれ、いわば建築が自由を得たといえないだろうか。

　建築家が自らの思索を語ることは、建築家の出現とともに予示された命運ともいえる。しかしその声とは、それが真に建築家の声であるかぎり、自賛でも弁明でもなく、彼から発せられながら、彼のもとを離れた多声の響きを帯びている。そしてさらなる声の共鳴が呼び起こされることによって、作品においても、批評においても、そのつどに建築が再発見され、新たな可能性が開かれる。建築家の声が奏でるもの、そしてわれわれがその響きを聴きとるもの、それこそが『重奏する建築』にほかならない。

あとがき

これまで何冊か書籍をまとめました。それぞれ、まるでことなる内容の本ですが、ひとつだけ共通しているのは、その書籍が出版された時点の社会的、個人的な状況をどこかに記録しておきたい、と思っていることです。ですから序文やあとがきにはその書籍が書かれた状況をできるだけ記録しておきたい。序文で書いたのが２０１２年現在の社会状況ですから、あとがきでは私個人の、私的なできごとを残しておきたいと思います。

急速にアジアを近く感じるようになりました。

最初はバリ島との出会いからです。観光ツーリズムの島ですから、たとえば同じものの値段が買いにくる人に合わせて何種類かあり、旅行者のための社会と現地の人たちの社会が重なりあいながら二重に存在しているのですが、それでもバリの建築やダンス、それが近代の到来とともに変形し、編集されていく過程をのぞくことで、突然バリ島が自分にとっての今日的な課題に重なってきたり、上海ではジンマオ・タワーから見下ろすと朝霧のなかに立ちあがる高層ビル群が美しかったのですが、それが朝霧ではなくスモッグだと教えられ、それにi phone miniなんていう本家appleでも発売されていない携帯電話に出会うことになったバンコク、みんな音楽ファイルをダウンロードするからだれもCDなんて買わない街のさびれた店で偶然買ったCDを、好きになって聴いていたら、あっというまに日本デビューして有名になってしまったという経験をしたソウルなど、それぞれはささいな、つまらないできごとがアジアの現在を教えてくれます。私にとっての21世紀の最初の10年は、そんな10年でした。それが現在の私の建築観にいかに反映しているかは、この本でご覧になったとおりです。

この本は京都大学の大学院での講義を大幅に加筆修正したものです。その講義記録を担当してくれた私の研究室の院生諸君、とくに江渡直紀、杉中俊介、徳山泰斗、藤本怜佑、吉岡亨の各君、それに写真の準備や原稿校正を担当してくれたケイ・アソシエイツの倉本優香子さんにお世話になったことを、ここに記して感謝します。

また、註は京都大学の私の研究室の助教である朽木順綱氏の手をわずらわせました。本文と註が補完しあうような構成としたいという思いがあり、実務家である建築家の研究室にいる建築論の研究者という、輻輳した立場の彼の手を借りることで、本文と註が相互補完的な関係を構築できているとすれば、こんなにうれしいことはありません。

序文にも書きましたが、こんなに価値観の変化する時代だからこそ、建築家をめざす若い学生のために真正面から建築に立ちむかう本を書いてほしい、というオファーからこの本ははじまりました。そのオファーをくれたのは、ほかならぬTOTO出版の遠藤信行氏であり、氏の熱意にあふれた依頼がなければ、この本は成立していません。

最後になりますが、ここに名前をあげていない多くの方たちの助力がはかりしれないのはもちろんです。この本が無事に実現したことを報告し、感謝したいと思います。

2012年7月9日

岸　和郎

クレジット一覧

●写真・図版提供

Fundació Mies van der Rohe　p. 15図4、p. 19図8、p. 33図17、p. 183図12（撮影はK.ASSOCIATES）
平井広行　p. 33図16・18・19、p. 37図20・21、p. 41図22、p. 45図24、p. 73図19、p. 127図14・15、p. 131図17、p. 133図20・21・23、p. 137図25・26、p. 159図15・17、p. 164–165図18・19・20、p. 201図25・26、p. 205図27・28、p. 207図30、p. 209図31・32、p. 211図34、p. 253図18・19、p. 291図15、p. 295図17・18・19
上田宏　p. 41図23、p. 101図21・22、p. 123図11、p. 213図36・37・38、p. 260–261図21・22・23、p. 297図20、p. 301図23
©Jet Tone Films 1994　p. 67図11
©ALAN CHAN DESIGN CO.　p. 71図15・16
©森ビル株式会社タウンマネジメント事業部　p. 113図1
©東京都交通局　p. 119図6
©一般社団法人京都乗合自動車協会　p. 119図8
市川靖史　p. 123図9
LE CORBUSIER “Drawing Plan of architecture” ©FLC/ADAGP, Paris & JASPAR, Tokyo 2012 E0101　p. 147図8・9、p. 269図1・2・3
Courtesy of the Western Pennsylvania Conservancy.　p. 183図10・11（撮影はK.ASSOCIATES）
©厳島神社　p. 194図18
©厳島神社（提供：一般社団法人宮島観光協会、撮影：新谷孝一）　p. 194図19
©宮内庁京都事務所　p. 194図20
©宗教法人孤篷庵　p. 223図1
©宗教法人真珠庵　p. 227図3・4
浄土真宗本願寺派 本山 本願寺 所蔵　p. 233図7・8、p. 235図9・10（撮影はK.ASSOCIATES）
香川県総務部営繕課所蔵　p. 273図4
Eduardo Torroja, The Structures of Eduardo Torroja, Ministerio de Fomento,2000　p. 277図6
©新建築社写真部　p. 277図7

©Amanresorts　p. 277図8
©The Oxford University Museum of Natural History　p. 281図9（撮影はK.ASSOCIATES）
小川重雄　p. 305図29
Peter Eisenman et al., House of Cards, Oxford U.P. 1987　p. 319図1
*特記なきものは、K.ASSOCIATES

●出典
渡辺真弓『ルネッサンスの黄昏―パラーディオ紀行（建築巡礼）』p. 63（丸善　１９８８）　p. 23図13
撮影・提供　新建築社写真部　新建築２００８年６月臨時増刊『THE MARUNOUCHI BOOK』p. 25（新建築社　２００８）　p. 113図5
『原色日本の美術〈第15巻〉桂離宮と茶室』（小学館　１９６７）　p. 194図20・21
西沢文隆『建築と庭―西沢文隆「実測集」』p. 38（建築資料研究社　１９９７）　p. 223図2
撮影・提供　新建築社写真部　丹下健三、藤森照信『丹下健三』p. 328（新建築社　２００２）　p. 273図5
岸和郎著『ヘヴンリーハウス　20世紀名作住宅をめぐる旅2　イームズ・ハウス／チャールズ&レイ・イームズ』p. 20−21（東京書籍）　p. 325図6・7

*本書で使用している写真の著作権者については、できるかぎり正確な表記をするよう努めましたが、著作権者のうち連絡をとれない方がいます。お気づきの方は、TOTO出版までご連絡ください。

●註執筆
朽木順綱／京都大学大学院　助教　博士（工学）

●編集協力
中原大久保坂口編集室、丸善プラネット、鷗来堂

岸 和郎（きし・わろう）

1950年横浜市生まれ。1973年京都大学工学部電気工学科卒業、1975年同大学工学部建築学科卒業、1978年同大学大学院修士課程建築学専攻修了。1993年〜2010年京都工芸繊維大学にて教鞭をとる。UCバークレー校、MITで客員教授を歴任。現在、京都大学大学院教授。

「日本橋の家」で日本建築家協会新人賞、ケネス・F・ブラウン・アジア太平洋デザイン賞功労賞、日本建築学会賞を受賞。

主な著書に、『建築を旅する』（2003年、共立出版）、『Waro Kishi』（2005年、Electa、Italy）、『逡巡する思考』（2007年、共立出版）など。

主な作品に、「日本橋の家」（1992）、「紫野和久傳」（1995）、「かづらせい・寺町」（2000）、「深谷の家」（2001）、「子午線ライン明石船客ターミナル」（2003）、「ルナ ディ ミエーレ 表参道ビル」（2004）、「ライカ銀座店」（2006）、「GLASHAUS/靱公園」（2007）、「東京国際空港ターミナル商業ゾーン」（2010）、「曹洞宗佛光山喜音寺」（2012）など。住宅、商業ビル、寺院など幅広く手がける。

TOTO建築叢書 2

重奏する建築
文化／歴史／自然のかなたに建築を想う

2012年9月20日　初版第1刷発行

著　者　岸 和郎
発行者　遠藤信行
発行所　TOTO出版（TOTO株式会社）
〒107-0062 東京都港区南青山1-24-3 TOTO乃木坂ビル2F
［営業］TEL．03-3402-7138　FAX．03-3402-7187
［編集］TEL．03-3497-1010
URL: http://www.toto.co.jp/publishing/
印刷・製本　株式会社東京印書館

Printed in Japan
ISBN978-4-88706-329-7